良性互動

汪洋萍著

文史哲詩叢

文史哲出版社印行

自序

宇宙萬象，由互動而生，因互動而變。個人的得失成敗，國家的盛衰興亡，人間的福禍安危，都是在互動中逐漸形成。良性互動的良性循環，促進了人類文明，累積成優良的文化傳統。惡性互動的惡性循環，相互效尤，彼此傷害，積怨成仇，爭權奪利，征戰不休。

回顧人類的生存發展史，都是良性互動的良性循環，與惡性互動的惡性循環，相激相盪的真實紀錄。在漫長的歷史流程中，良性互動的良性循環漲潮期，聖君、賢相、清官、良民，共同營造出一個個太平盛世，百姓安居樂業。惡性互動的惡性循環泛濫時，昏君、佞臣、貪官、莠民，狼狽為奸，禍國殃民，生靈塗炭。良性互動的良性循環，是人類文明進步向上提升的階梯；惡性互動的惡性循環，則是向下沉淪的陷阱。此說並非我臆度揣測，茲舉兩個現實例證，以供參考。

一、良性互動的良性循環範例

三十多年前，證嚴法師還是位女青年，懷著信佛的慈悲心，與二十位友人相約，每人每天節省五毛錢救濟貧苦人家，感動了鄰里鄉親，獲得熱烈響應，在良性互動的良性循環中，成立了「慈濟功德會」，從事慈善、醫療、教育、文化四大志業。改善了貧窮落後地區及災區的人文生態和生活環境。世人將慈濟功德會的慈濟人活動領域，稱為慈濟世界，現已遍及全球五大洲幾十個國家，證嚴法師已成為實至名歸的領袖，備受尊崇與愛戴。慈濟世界裡，不分種族、國籍、宗教，成為人類夢寐以求的大同世界！慈濟人的功德，是人類世界良性互動的良性循環典範。

二、惡性互動的惡性循環慘劇

美國先人懷雄心壯志，飄洋過海，登上新大陸開疆拓土，要建立理想的新家園。經過風風雨雨，成立了「美利堅合眾國」，為解放黑奴問題發生內戰。黑奴獲得解放，成為民主先進國家，世界各地向美國移民者趨之若鶩，以做美國人為榮，於是政治、經濟蓬勃發展，很快成為世界強國。經過兩次世界大戰的歷練，嚐到勝利者滋味。第二次世界大戰結束，美、蘇兩國展開冷戰，都想擴大勢力範圍，互爭霸權，在戰敗國及許多弱小國家，製造分裂對立，提供軍經援助，培養附庸政權，受其指揮操縱，陷入長期內戰，以致貧窮落後，民不聊生。美國又高舉國際正義大旗，以國際警察自居，企圖展現政治及軍事實力宣揚國威，掀起「韓戰」及「越戰」，官兵傷亡慘重，消耗幾千億戰費，只落得灰頭土臉，求和脫困。

美蘇兩強冷戰結束，蘇俄共產帝國解體，美國獨霸全球，征服世界的美夢未醒。積極研發太空科技，製造核子武器，搜括弱國資源發展經濟，攻佔全球市場。援助以色列製造中東軍事衝突，使以巴立國建國陷於長期戰爭。又巧立名目攻佔阿富汗及伊拉克，招致九一一紐約的毀滅性報復，及不斷的自殺性攻擊。於是，又要領導全球反恐、廢核武，自己正在研發「精準」反恐核武。美國及其助傑為虐的友邦，已陷入自殺性攻擊恐懼中。世界局勢的發展對美國日趨不利。美國帶動這一連串惡性互動的惡性循環，已自食惡果；對全人類造成嚴重災難，及空前的生存危機。

如果，美國在第二次世界大戰結束，像慈濟功德會那樣布施全球，將耗費在侵略戰爭的人力、財力、物力，用在慈善、醫療、教育、文化事業上，啓發良性互動，早已成為受尊重被愛戴的世界盟主，地球村也已成為人類共生共榮的樂園！以上是從政治層面看世界，來評斷良性互動的良性循環與惡性互動的惡性循環功過得失。

再從經濟層面檢視，自工業革命興起後，科技創造了物質文明；物質文明提升了人類追求個人物質享受的欲望，相對的降低了精神文明的理性與理想，產生了良性互動的良性循環，與惡性互動的惡性循環，相激相盪的險象，良性互動的良性循環顯然居於劣勢，如：地球資源過度開發，大量生產非生活必需品，鼓勵消費，造成浪費。廢氣、廢水、廢物日漸增加，破壞了臭氧層，產生溫室效應，冰山溶解地球水位上升，陸地面積縮小；土地、河川及海洋被污染，農魚業生機日蹙；水、旱災頻傳，這些大自然的反撲，是人類生存的最大危機。甚至有人想離開地球，另覓星球定居，重建理想家園。

經濟一詞，廣義言之是經世濟民，以大智慧去運用握有的資源及物資，使全民過最好的生活。當今世界上，很多國家的經濟大權，掌握在政客手裡，只求自我享受，一切經濟計畫及措施，以鞏固政權為考量，不以福國利民為取向，是人類社會的悲哀！

再從教育文化層面觀察人文生態現象，更使人悲觀：犯罪率不斷攀升，罪犯年齡逐漸下降；憂鬱症、妄想症在大流行；理性、理想在沒落；痛苦指數快速上升；自殺率暴增：這些異象及險象與生活水準、知識程度成正比。事實證明，教育文化良性互動的良性循環效益，遠不及惡性互動的惡性循環劣跡明顯。人類一直徘徊在天堂與地獄的分界線，分界線上有一段公德與私利的模糊地帶，大多數人現已迷失在私利的陷阱，難以自拔。只有從教育文化方面著力，啓發人類向上提升的方向與途徑，邁向和平安樂的大同世界。這並不是痴心妄想，是不行也，非不知也；是不為也，非不能也。我平生為人行事，即知即行，困知勉行，盡力而為，將名利擺在公平正義之後。

《良性互動》是我的第十一本詩文集，輯成三卷。

卷一：天道・地利・人情：有長詩六首。

卷二：詩心・痴情・俗話：收入即興詩及命題詩共二十七首。

卷三：良性互動：選錄詩文評介九篇及建言和書信。

這本書的內容，都不外乎「良性互動的良性循環」與「惡性互動的惡性循環」所影響的層面，及攸關全人類生存發展的問題。我不揣譾陋，筆之於書，以盡為人的言責，期盼能獲得讀者的共鳴。生命有限，來日無多，能暢所欲言，如願足矣。

良性互動目錄

卷二　詩心·痴情·俗話

卷三　良性互動

卷一

天道・地利・人情

眞善美的一生

——我景仰的　蔣夫人

您走過一〇六個光輝歲月
在睡夢中升天　留下
真情
善果
美的姿容　使世人
感恩
懷德
讚美
國際資訊頌揚宇內
源遠流長無與倫比

您協助　蔣公
推行全民新生活運動
啓發國民奮鬥精神
凝聚同胞團結禦侮意志
那枚新生活運動圖騰
一直掛在我童年的胸前
成為我人生理想的標竿
您的豐功偉業銘刻我心
您完美的形象
令我崇拜

西安事變
蔣公身在險境
政局面臨危機
軍政首長主張武力冒進
您力排眾議親往援救

以智慧勇敢柔性開導
說服叛徒送　蔣公回京
不僅轉危為安
蔣公的聲望升到最高峰
為八年抗戰奠下勝利基礎

在抗日戰爭最艱困時刻
您應美國參眾兩院邀請
出席國會演講
以理性分析世界大局
以感性綜合中美情誼
言詞委婉流暢風範典雅
全體議員起立鼓掌致敬
您又巡迴各大城市宣揚
中美唇齒相依利害與共
獲得美國全民認同

您訪美以後
軍援
經援
民間捐款
救濟物資
源源而來
國家的國際地位隨即上升
是中日戰爭一大轉機
國民政府崇功報德
頒發青天白日勳章

您擔任航空委員會秘書長
全力推動加強空軍戰力
待空軍官兵如子弟
官兵尊為空軍之母

您在鷲篷別上空軍軍徽
勉勵官兵發揚筧橋精神
您運用與美方良好關係
促成陳納德將軍領飛虎隊
來華參加抗日戰爭
為空軍頻添攻防生力軍

您陪同　蔣公出席開羅會議
擔任翻譯及顧問
參與美、英兩國元首會談
討論戰爭態勢及戰後佈局
您展現超人的才華
輔佐　蔣公爭取得戰後
東北及台、澎歸還我國
廢除了一切不平等條約
使我們的國家一躍成為

世界五強之一

蘇俄掀起國共內戰
國際情勢逆轉大陸失守
政府遷台建立反攻復國基地
您創辦中華婦女反共抗俄聯合會
領導全體婦女奉獻心力
縫製軍服鼓舞士氣
參與社會福利服務工作
籌建學校及傷殘復健中心
照顧國軍遺眷及孤兒
您常親臨視察慰問關愛

歲月無情
世事無常
您歷經親人去世的傷痛

仍全心忠愛黨國和人民
洞察政權接棒者陰謀詭計
建言黨中央置若罔聞
使黨國和人民再遭劫難
親朋好友為您祈禱
您説要為國家和人民祈禱
您愛國愛民之心始終如一

您不留遺囑遺言
不留功勳勞績證據
沒有遺產只有畫作
有十二萬美元存款
一本中華民國護照
是非功過不為自己辯護
不計較別人的閒言閒語
您平生為人行事

以時空背景來衡量

恰如其分恰到好處

拜託：懇請複印傳播，形成共識，捍衛中華民國，增進人民福祉！

台灣再現奇蹟

——證嚴法師的功德

台灣是個
資源貧乏的海島
五十多年前
中華民國政府
因國共內戰失利
播遷來台
中共軍事威脅攻擊
國家安全岌岌可危
國際外交陷於孤立
工商業蕭條
在政府領導下

軍民團結奮鬥
推行土地改革
發展農工商業
宏觀遠見掌握先機
突飛猛進成為
亞洲四小龍之首
舉世欣羡讚譽
台灣奇蹟
不幸政黨輪替
奇蹟隨之消失
並不斷向下沉淪

所幸
出現了另一個奇蹟
三十多年前
一位青年女法師

與二十位女信徒相約
每人每天節省五角錢
救濟貧困
並予安慰與照顧
感動了鄰里鄉親
傳遍了社會各階層
參與救助者日眾
遂成慈濟功德會
揭示：
慈善
醫療
教育
文化
四大志業
掀起了大愛熱潮

救苦救難搶救生命
慈濟人一馬當先
只為付出不計名利
臉上堆滿笑容
嘴裡在說感恩
合十擁抱
歌舞聯歡
愛灑人間
水乳交融

眾多善心人士
捐獻土地
出錢出力
醫院一處接一處興建
學校一所又一所成立
從幼兒園、國小、國中

高中、專科到大學
建立完整的教育體系
人文與科技並重
培養出優秀國民及
絕出的專業人才
大愛電視台採訪播出
善政良俗鼓舞民心士氣
慈濟月刊表揚好人好事楷模

資源回收場
遍布全台各地
環保志工
男女老少熱心參與
街頭浪子做志工
轉變為社會精英
憂鬱症患者做慈濟人

不藥而癒恢復自信
都是良性互動的良性循環效應

慈濟功德會是
互動與循環的樞紐
九二一大地震災情慘重
慈濟團隊全力投入賑災
從事災區重建
工作效率及工程品質
遠遠超過擁有鉅額重建資金的
政府特設災區重建單位

慈濟人
已飛越台灣海峽
在大陸散播愛的種子
已生根發芽開花結果

當地人民已品嚐到
甜美與芬芳
想進一步
為兩岸交流搭橋鋪路
使交流暢通
以利互助互惠共生共榮
卻無法跨越
政府所設的重重路障

慈濟功德會
已在全球五大洲
數十個國家和地區
設立大愛工作據點
結合當地慈濟人和志工
推行慈濟四大志業
發放救濟物資

舉辦巡迴義診
重建災區撫慰災民
興建大愛村
創辦貧民區學校
不分種族 宗教 國籍
慈濟人活動的領域
世人稱為慈濟世界
慈濟世界裡
只有愛
沒有恨

證嚴法師
是慈濟世界的
精神領袖
是慈濟功德會的
決策者和領導人

慈濟大愛的功德
是台灣奇蹟
也是世界奇蹟
更是全人類的
迫切需求

天道·地利·人情

天道偕行

天，是個無限大的空間
我們眼見的藍天白雲
只是視線所及的極微部分
我們所看到的日月星辰
只是無數銀河系中
星群的滄海一粟

無限大的空間　與
無限長的時間
結合而成的宇宙
起源與演進的過程

現象與未來的結局
雖有很多論說
皆出於天文學家們
研考模礙揣測及發現
不盡必然與真實
有待時間考驗與事實證明
宇宙的奧秘
也許永遠揭不開
我們是難以了悟

天體運行
有其自然規律
循既定的軌道
星球之間
相互吸引或牽制
日升月降

星起星沉
井然有序
非人力所能改變
人類只能聽天命
在天道偕行

地利共享

地球，在宇宙形成中誕生
位於太陽系九大行星之列
經百十億年演化
形成生物基因
演進成眾多的動植物
供其所需養分
使之繁衍綿延
進化成萬物之靈的人
地球是人類的元始母親

是人類安身立命
永遠依存的大地

地球蘊藏著豐富資源
人類有天賦的聰明才智
只須互助合作
適度開發
妥善運用
地利共享
循序漸進
即可營造一個
美好的生存環境
供人類世世代代
安居樂業

事實卻不然

在人類有信史以來
大地成為人類生存發展中
人與人國與國之間
必爭的財富
所謂有土自有財
患得患失
私有私用
土地是紛爭禍亂的根源
工業革命興起
科技快速發展
相互競爭更趨急烈
地球資源過度開發
不當使用
生產大量非生活必需品
鼓勵消費

養成奢靡惡習
將有用之物棄置成垃圾
破壞了人文及自然生態
製造毀滅性武器
自相殘殺
戰禍連年

大地母親遍體鱗傷
出現嚴重的症候群
不及時根治
所有生物都將同歸於盡
救母自救為當務之急
全球的環保人士
都在大聲疾呼
急功近利的政客們
視若無睹

貪得無厭
還有人妄想
另覓星球遷徙避難
那是人類的窮途末路

人之為人

人之為人
是身不由己
來到這個世界
所為何來
怎樣為人
宗教家
哲學家
文學家
科學家
政治家

軍事家
各有獨到見解
要想做得面面俱到
非不為而是不能
所謂天下無完人
為人之難於斯可見
如何自處
才能心安理得
頗費思量
於是衍生出許多
紛歧錯雜的思想行為
出現一些不合情理的
光怪陸離人文現象
其實從人類生存發展史
加以分析歸納不難理解

人類初生於荒漠原野
與其他動物爭生存
自食其力
自生自滅
沒有人際關係
過的是茹毛飲血
巢居穴處的原始生活
因繁殖日眾
由獨處而群居
形成部落
發展成社會國家
人際關係日趨複雜
由人際關係
演進到國際關係
人類相互依存已密不可分

已開發國家及開發中國家
在高喊全球化
人人為我我為人人
是人類相互依存
最貼切的寫照

不幸的是
人類的命運是掌握在
強國與富人的手裡
強國愈強富人愈富
貧窮落後國家的人民
飽受貧病的煎熬
掙扎在死亡線上
情況還在日漸惡化
國際間貧富差距

仍在擴大
全球的軍事、政治、經濟戰
正在升溫
兩次世界大戰的浩劫
殷鑑不遠
第三次世界大戰如箭在弦
一旦發生必空前慘烈
福禍掌握在強國一念之間

天地無求於人
人須依賴天地生存
應知感恩圖報
卻忘恩負義
傷天害地自陷困境
人類彼此之間
有名必爭

有利必奪
奮不顧身
亡國滅種在所不惜
名耶？
利耶？
隨生命終結
為求不朽
瞬息朽之
歸於塵土
何不相愛互助
營造幸福的人類世界
與天地鼎立宇宙

人不爲己天誅地滅

人不為己天誅地滅
這句口頭禪
不知起於何時
出自何人之口
我無從查考
自幼即聽人常說
及長遊走四方
才知已到處流傳
初聞此言我深感困惑——
天地為何逼人自私自利
製造紛爭

使人類世界永無寧日
怨天地無情
怪口出此言者
推波助浪
唯恐天下不亂
是何居心

繼之深思悟其真義——
生而為人要珍惜生命
發揮全能
改善生存環境
與人為善
互助互利
提升生活品質
為自己創造幸福
為子孫開闢美好前程

不知自求多福
而自甘墮落
胡作非為
必遭天誅地滅

人不為己天誅地滅
這句八字真言
原是予人惕厲鞭策
使人發奮圖強
成為人類文明進步的動力
卻被扭曲誤解
使社會大眾誤入歧途
凡事為自己著想
無視別人的存在
爭名奪利
無所不用其極

六親不認
道義不顧
冤冤相報
困於冤仇泥淖
愈陷愈深難以自拔
兩敗俱傷
中東以巴之戰即其一例

再如共產主義國家
以清算鬥爭為「革命」手段
掠奪別人的財物為己有
橫行霸道一世紀
殘民以逞慘絕人寰
是人類空前的浩劫
歷史上最沉痛的教訓
共產主義者已遭天誅地滅

回顧人類的生存發展史可知
社會愈文明進步
人民相互依存愈密切
今日我們日用所需
有賴各行各業互通有無
如果人力物力供需失調
就會影響社會大眾生活
只有各盡所能各取所需
才能共存共榮共安樂
我國儒家思想濃縮成的
禮運大同篇
描繪出人類的理想世界：
大道之行天下為公
選賢與能講信修睦
人不獨親其親子其子

使老有所終
壯有所用
幼有所長
矜寡孤獨廢疾者皆有所養
男有分女有歸
貨惡其棄於地不必藏於己
力惡其不出於身不必為己
謀閉不興
盜竊不作
外户不閉

國父孫中山先生
秉承禮運大同篇政治理想
綜合世界民主政治新思潮
及自己對人類生存發展
宏觀探索所得

研擬了三民主義為
治國平天下的藍圖
民族主義推行濟弱扶傾
使世界各民族一律平等
民權主義推行全民政治
使人人平等發揮其所能
民生主義在求均富
使物盡其用人民生活安樂
結合舊道德與新思想
從誠意正心修身齊家
到治國平天下的階梯
向上提升
向前邁進
必能達到大同世界的人間天堂

但紛歧錯雜的思想

荒謬乖張的行為
使人禍天災惡性循環
人類的生機日促
而命運已掌握在
為官無德
為富不仁者手裡
最大的危機已顯現在
號稱愛好和平民主先進
國家的掌控中
倘不知自省自救
必遭天誅地滅

變·變·變

序詩

人類生生不息
繁衍綿延千百萬年
在時光隧道摸索前進
憑天生智慧和本能
與萬物爭生存
從生活歷練中
體認到互助合作
是求進步的動力
於是由獨處而群居
漸次形成族群　部落
而發展成社會　國家

觀變

協力研發社會及自然科學
促進了人類文明
今天我們所享有的文化德澤
都是歷代祖先心力累積而成
我們應知感恩圖報
從另一面向思考檢視
人類社會從古至今
生存發展所呈現的
善惡是非紛爭擾攘
隨時代腳步日趨嚴重
已威脅到全人類生存
我們應知所惕厲
及時擇善去惡存是去非
為子孫營造生存的樂園

人類在生存發展過程
出現一些暴君佞臣
殘民自娛為樂
強梁與莠民
違法犯紀自利
寫下一幕幕歷史悲劇
後代的敗類爭相效尤
隨時代演進變本加厲
贓官盜匪橫行猖獗
強國執政者
掀起兩次世界大戰
大戰後的美蘇冷戰結束
美國獨霸全球
以國際警察自居
高舉正義大旗調解糾紛
暗中兩邊討好坐收漁利

在國際挑撥離間烽煙遍地
高唱全球反恐廢核武
自己的情報間諜
無所不在無孔不入
威脅利誘暗殺無所不為
是擁有核武最多的國家
搜括全球資源為己有
置貧窮地區人民生機於不顧
要獨享霸權向全人類挑戰
正在縱橫捭闔
作全面政略及戰略布局

應變

戰禍迫在眉睫
應變刻不容緩
應戰首重心防

建立自信不能自傲
不被巧言令色迷惑
不受威脅利誘左右
慎防陰謀詭計分化團結
國家大計方針要深謀遠慮
不求急功近利痛快一時
不自欺欺人敷衍塞責
堅守理想步步踏實
披荊斬棘向前邁進
自強不息厚植國力
以提升國際地位
本誠信互惠爭取友邦
遵守海峽兩岸九二共識
相互善待和平共存
以增進兩岸人民福祉
攜手善處國際變局

確保國家安全及尊嚴
維護世界和平

求變

求新求變
已成全球趨勢
已到瘋狂地步
已現愈變愈壞
愈變愈沒人性
家庭暴力在膨脹
社會暴力在發酵
國際暴力在囂張
妄想症在咆哮
憂鬱症大流行
求新求變花招百出
變出許多牛鬼蛇神

為害人類社會
我們要為求變出新招
從壞變好
由惡變善
以誠意正心修身齊家
治療妄想症
　憂鬱症
消滅一切妖魔鬼怪
重建和睦溫馨家庭
再造祥和安樂社會
實現濟弱扶傾的大同世界
如是功德圓滿
不愧為萬物之靈的人

回想文學路上

孫如陵先生悼念
姜穆先生紀念文
〈退稿三百篇——
我與姜穆的那段公案〉
啓發我一些聯想

孫、姜二位先生
是貴州苗族鄉親
又是麻將牌友
竟退他投稿三百篇
姜先生提到此事時
滿面笑容毫無慍色

這兩位文壇長者
君子風範令人敬佩
姜先生的堅強意志
無與倫比

中副選稿認稿不認人
是投稿者的共識
獲得廣大讀者肯定
我可能是
從讀者步上作者台階
最幸運的人
向中副投稿一投就中
民國六十七年三月十四
刊出我的第一篇作品
從六十七年至七十四年

共發表百行以上長詩五首
短詩十九首
似乎沒退過稿
只記得有一次
夏鐵肩先生將
〈榮民精神〉這首長詩退回
附函教我將內容濃縮精簡
我遵照指示改寫寄出
很快就見報

那時中央日報
還有另一個副刊「晨鐘」
由胡有瑞女士主編
從七十一年六月七日
至七十三年四月十三日
共刊出我的短詩二十一首

從未退過稿

中副給我這麼多鼓勵
又無形中為我鋪路搭橋
引導我步上文學之路
中副發表我那首長詩
〈涂靜怡的情懷〉
被秋水詩刊創辦人
古丁先生發現　吩咐
涂靜怡主編向
中副查詢我的通訊地址
於是與《秋水》結了
讀者、作者的不解緣
由秋水人脈的牽引加入
中華民國新詩學會
中國文藝協會等七個文藝團體

參加各項文藝活動
使我在軍、公、教職外
又注入生命的清流活水

在向中副投稿之前
我任職台東太平榮家
被選派充任國軍退輔會
「成功之路」月刊通訊員
歷二十年發表不少通訊稿
也有傳統詩、新詩及雜文
奉調退輔會任職後
榮民總醫院的「榮總人」月刊
有個文藝園地
主編徐世澤先生向我約稿
他是位名傳統詩人也寫新詩
我寫了些不倫不類的古體新詩

都被採用

退休後加入「三月詩會」
都是軍、公、教退休老友
詩會沒有組織、章程
輪流擔任召集人主持會議
每月聚會一次
由召集人命題每人寫詩一首
共同討論集思廣益策勉精進
有位劉菲詩友
是「世界論壇報」的
「世界詩葉」主編
他大力提倡「古體新詩」
我以：
政治　經濟　軍事　外交
教育　文化　社會　自然

倫理　道德　命運　生死
苦樂　天道　人道　理想
幻想　妄想　自省　展望
為題寫了
「古體新詩十四行」二十首
在「世界詩葉」刊出

我在其他報刊雜誌
也發表過一些詩文
我寫詩為文
是為表達思想與情感
不矯揉造作虛構假象
我的詩文作品
理性重於感性
是以公益正義為導向
不以個人名利為出發點

我投稿很慎重
要仔細閱讀一再修改
以原子筆正楷書寫
使編者審稿時
能一目了然而興快感
這是我為人處世
良性互動理念所使然
使我在文學路上
優遊舒暢

卷二

詩心・痴情・俗話

順口溜

變變變
騙騙騙
稱心如意八十年
黨權
政權
左右開弓喜訊連連
報皇恩
歸祖國
為期不遠

台灣國父
民主先生
榮耀一身可久傳
孽子不孝已當權
為求自保
忍氣吞聲與周旋
風雲起
險象生
乘機逃亡保老命

（這則「順口溜」是應徵中華民國團結自強協會「金溜獎」，未入選作品。）

政治笑話

黨外英雄
結黨變狗熊
黨內狗咬狗
主席被氣走

民主先生暗中助
取得政權昏了頭
口號治國騙百姓
執政無能內外交困

民怨耳語在流行
政黨輪替話題熱門

府院高官心如焚
當年英雄夢於今成話柄
（這個「政治笑話」是應徵中華民國團結自強協會「金溜獎」未入選作品。）

生死惑

世間萬象
人間百態
不外乎生死
想也想不透
說也說不清
人人為生死所苦
　為生死所惑

生從何來
死往何去
神話　鬼話
衍生出許多怪話

陷人於撲朔迷離
生不由己
死不由己
在生短暫
死後永恆
又有投胎轉世說
使人莫衷一是
令人困惑難解
於是姑妄聽之
姑妄言之
積習成俗
導致今日
人神鬼平分天下

網·惘

在天羅地網中求生存
已夠辛苦了
還有綿密的法網
誘人的情網
名網
利網
張開等著你

又突然冒出
資訊網路
無所不在
無所不能

無遠弗屆
稍不留意就被網住
難以脫身

網網相連
網網相生
使人迷惘
令人悵惘

天地不仁人不義

從全球各地傳來消息
風災
水災
旱災
地震
不斷發生
災民家破人亡
無處安身
飢寒交迫
病痛纏身
人間苦難何其多
有人說

此乃天地不仁所使然

古今中外戰爭不斷
萬物之靈的人相互殺戮
為爭名奪利
為享受榮華富貴
不顧別人死活
冤冤相報何時了
人間悲劇何時休
究誰之責
懲誰之過
講也講不完
說也說不清
強梁當道
賢能無奈
百姓受苦

一灘血的故事

三十七年前
證嚴法師在一診所內地上
看到一灘血
經人告知是一難產婦留下
她因無錢繳保證金被拒收
抬回家後死亡

一灘血事件
激發證嚴法師立志從事
慈善
醫療
教育

文化
四大志業　並使之
相輔相成
相得益彰
創造了世界奇蹟

一灘血又產生了幾支
變調的小插曲
那家診所的人
不知自責懺悔
卻否認有那件事
控告證嚴虛構毀謗
法院查證確有其事
又判證嚴罰金一〇一萬
法理情　情理法
該如何拿捏

令人不解

友誼

淡淡的
淡得像水
沒有銅臭
沒有酒肉味

它只營養心靈
不能滋補肉體
有人視之為珍寶
有人棄之如敝屣

與火星相望相知相惜

從天文資訊得知
您運轉了七萬三千年
將於八月二十七日
到達與地球的臨界線
隨即又要匆匆離去
所為何來

啊！我明白了
八月二十七日是
我七六生辰
是專程來為我賀壽
您是宇宙生命共同體中

最有情有義的一員

我獲此訊息
每天日落後坐在
門外或窗前迎接
看著您向我走來
我倆凝目相望
傾吐相知
互祝相惜

您是我心中
無與倫比的耀眼明星
我是您眼裡
孤寂的紅塵微粒
我保持自尊與您為友

告訴您一個壞消息
天文學家觀察預言
有兩個星系
在相互吸引
終將合併被吸入黑洞
預計在二十億年後
您我也難逃
隨宇宙終結的命運
我們要把握當下
珍惜今夕這分緣

賞月觀星

剛與火星相望相知相惜
又獲火星與月球
約會的好消息
我手握數位相機
入夜等著捕捉
星月交輝的場景

一連三夜天公作美
星月相會處無雲
那相偎相依的
璀璨亮麗
都攝入鏡頭

我越看越著迷

想再見它們
雲也來了
星也遠了
月也缺了

人生無常
天道無常
星月都身不由己
做人還有什麼不能釋懷呢

小行星撞地球

天文學家發出警訊
有一顆小行星
可能在二〇一四年
飛撞地球
果真如此
將是世界末日

地球人口在加速膨脹
人間難題愈積愈多
眾生的痛苦指數跟著上升
小行星真的來湊上一腳
想必是為減少人類痛苦

將一切無法解決的問題
斷然處理

從電視上看到
模擬顯影及解說
小行星是太陽系形成時
留下的碎片
悠遊於群星之間
使我聯想到
它該是位宇內俠客

都說天地萬物
是上帝創造
受上帝驅使
上帝為何要吝嗇仁慈
而大方施捨苦難

令人費解

我認為
上帝是
倫理道德
公平正義的
象徵
人類的福禍安危
操之在己
自做自受
應好自為之

諸如行星撞地球
無力抗拒的天災
只有認命了

零與我

零與我
結了今生不解緣
一個零接一個零
串連成我的一生

我抱著零出娘胎
零成長為幸福童年
十三歲又從零開始
在火牢煎熬了四年
眼看就熬出頭
突現烽火連天阻我生路

再從零開始
到商場學淘金
開眼界見世面
不分晝夜忙裡忙外
辛勤歷練小有成就
天翻地覆陷困境
死裡求生步步為營

往後已記不清
有多少零伴我而行
面對現實度難關
逢凶化吉都圓融
生命已近極限
終歸於零
心懷感恩無怨尤

秋水三十週年慶

秋水詩刊
在古丁先生的
理想抱負中誕生
在苦難中成長
走過艱辛歲月
披荊斬棘
按圖營造秋水詩園

編者作者讀者
共同奉獻心力
耕耘
播種

灌溉
施肥
收穫超過預期

詩友文友歡聚
為秋水慶生
欣賞詩園美景
樹木成林枝葉茂盛
四時花果形美味甘
賓主盡歡
祝福秋水詩刊
有更美好的未來

懷念　姜穆先生

我與
姜穆先生
以文會友
在中副讀過他不少文章
在文協聚會見過幾次面
他文如其人
我由衷敬佩

我寄贈一本
《浮生掠影》詩文集
請他批閱指教
他回信給我獎勉

並說為病所苦
還在信封上寫下電話號碼
我撥三次電話無人接
不久就得知他去世消息

孫如陵先生在
退稿三百篇紀念文裡說
姜先生只讀過小學
他是在軍中自修
踏上文學之路
我們的處境相似
他小我一歲如難兄難弟
我要將他的來信收入
《良性互動》詩文集
作永久紀念

爲那對戀人祝福

我在陶瓷老街散步
遇見一對帥哥帥妹
美得無從挑剔
穿著打扮樸素大方
併肩細語交談
臉上堆滿了笑容

我的視線隨著
他們的倩影移動
感受到他們自在欣然
他們是天生一對
來到人間同享福樂

但願能相伴終身
不受塵埃污垢沾染
盼望能啓發
在愛戀中男女

觀錦鯉心情

我去桃園榮民醫院看病
在大門前小公園
打發候診時間
有舒適坐椅
有綠樹摭陰
假山上瀑布吟唱詩歌
活水池塘裡錦鯉伴舞

錦鯉彩裝艷麗
也有全黑全白的充配角
池邊有飼料販賣機
遊人把魚餵得又大又肥

它們悠游自在
我看得悅目賞心

我突然察覺
池中不見小魚
驚奇地自言自語
傍邊有人回應
都被大魚吃掉了
我有所思
有所感
由歡欣而悲歎
轉身離開
難以釋懷

鶯歌風情

鶯歌
是台北縣的一個小鎮
有台灣景德鎮美名
大街小巷都有
陶瓷廠
陶瓷店

最引人入勝的是
陶瓷老街徒步區
街道用彩色小方塊石
鋪成悅目的圖案
兩邊店鋪陳列著

欣賞　實用
大大小小陶瓷精品
還有手拉胚習作把玩

街上行人摩肩接踵
臉上露出愉悅笑容
手上提著心愛的陶瓷品
有人全家來欣賞陶藝
欣喜不虛此行
有的留連街頭
說鶯歌好迷人

我何其有幸
身為鶯歌居民

美

充實之謂美
空靈也是美

美
藏於內
形於外
內外俱美
是完美
完美難求

美人
人人愛

貌美而心惡毒
親近必受傷害
迷戀會身敗名裂

空靈之美
只呈現於文藝

美的事物
美的人文
已成弱勢
被邊緣化
天地被毀容
時尚風雲耀眼迷人
人類追求的美
是什麼？
在那裡？

我為美不平
我為美悲哀

深夜聽雨

老天爺患了憂鬱症
怪子民不孝常發脾氣
好久不肯下雨
水庫水位直直落

政府限制用水　逼得
農民
工商業者
住户
叫苦連天
大地一片憔悴

雨滴搞打陽台玻璃窗
把我從夢中叫醒
即刻起床坐在窗前
欣賞那悅耳怡情的樂章
直到天明

老天爺終於大發慈悲
降下傾盆大雨
接著陣雨連綿
解除了旱象
天怒人怨的緊張氣氛
化為天從人願的歡欣

夢

日有所思
夜有所夢
我白天所想的是
守本分
盡義務
夜裡所夢的
也是那些

有人說
那樣的人生乏味
熱浪冷風迎面而來

我感受到
世態炎涼

我行我素
心安理得

（三月詩會九十二年五月份命題詩）

清醒

一般人的生活習慣
工作八小時
休閒八小時
睡眠八小時
除了閉眼睡眠
都是睜眼醒著

睜眼的人
未必清醒
有的被酒色財氣矇昧
有的被虛情假意誘惑
睜著眼睛

說瞎話
做傻事
而不自知

我有個八字訣
誠意正心勤勞樸實
一路走來
安然自在

（三月詩會九十二年七月份命題詩）

生平願景

父母生我養我
天地容我
萬物育我
古今聖賢啓發我
使我心懷感恩
知所行止

我珍惜生命
想發揮潛能
回饋社會
為人為己
全力以赴
盼望隨文明的腳步

與眾生邁向和平安樂

走過七十五年歲月
目睹人類世界
天災人禍日趨嚴重
人民痛苦指數日漸上升
情勢在加速惡化

我力不從心
願景難圓
只待油盡燈滅
回歸自然

（三月詩會九十二年八月份命題詩）

家與電的聯想

家是人生的安樂窩
也是避風港

這樣的家
是以愛為樑柱
以勤與儉蓋頂砌牆

人間有不少夢幻之家
有的演化成
徐志摩式悲劇舞台
有的自毀成
梵谷式生命墳場

現代人的家
有電燈電話電冰箱
電……電……電……
無電不成家
斷電不能活

人們卻忽略了
自身有個發電廠
是自己生命的源頭
生命的意義與價值
都蘊蓄其中

我們體內的電路
與外界連線交流
才能發揮最大效益

自我耗費獨享其樂
只會自貽伊戚

家庭危機在蔓延
人文生態在惡化
電的副作用在擴散
大至核武威脅
小及色情泛濫
無所不能
無孔不入
人類的福禍安危
繫於人心一念

（三月詩會九十二年九月份詩題：家電）

醉吟

與詩友們開懷暢飲
吟詩交誼竟悠然入夢

面臨無涯的苦海
眼看行為乖張的
政商領袖人物
在誘導眾生向下沉淪
我心生憐憫
陷入苦思

跪在岸邊祈禱
虔誠地哀求

神明啓發他們醒悟
發揮良知良能
帶領所屬攜手同心
尋覓世間樂土
邁向人間天堂

（三月詩會九十二年十月份命題詩）

幻影

影子
是實體的分身
幻影沒有實體
隨腦之所思
心之所欲
投射於虛無的空間
形成實體的形像
為自迷而迷人
或自欺而欺人

幻影也能成真
如科學的理想

哲學及政治的思維
經試驗與實踐促進了
物質文明與精神文明
以沉迷幻影為樂的人
終會被幻影埋葬

大腦是幻影的發源地
心靈是製造幻影工廠
幻影隨著資訊發達
成長率快速上升
遠遠超過地球人口
佔有了全球
黨政工商市場
人類要自求多福
全憑檢驗幻影真功夫
倘痴迷幻影隨之起舞

就會走向世界末日

（三月詩會九十二年十一月份命題詩）

祭奠

祭奠是人類
文明進步的象徵
歷史傳承的過程
蔣夫人宋美齡女士喪禮
是承先啓後的祭奠

蔣夫人去世的訊息
經國際媒體傳播全世界
蔣氏家族舉行祭奠儀式
受其恩惠者
聞其聲譽者
相聚祭奠追思

涕泣跪拜
歌頌讚美
真情籠罩的場景
深深感動了世人

一場超越時空的祭奠
重現一段段艱辛歲月
展示一件件愛國功勳
為歷史寫下見證
為後世樹立風範

（三月詩會九十二年十二月份命題詩）

動物經

宇宙萬象
由互動而生
因互動而變
動物是地球的主體
人為萬物之靈
是動物世界的主宰
人際互動的得失
會影響人文及自然生態
良性互動的良性循環
已累積成優良傳統

惡性互動的惡性循環
彼此傷害征戰不休

天賦人類的使命
尊天愛地
保育動物
自求多福

（三月詩會九十三年元月份詩題：動物）

兄弟

兄弟一詞
涵義甚多
概括言之
即哥哥和弟弟

先生為兄後生為弟
依血緣可分為
同胞兄弟
堂兄弟
遠房兄弟
同宗兄弟

古人統稱親屬曰兄弟
亦稱主人親戚為兄弟
又有結拜兄弟
基督徒也以兄弟相稱
老兄老弟
稱兄道弟
不絕於耳

古代王子繼承王位
依兄弟排名
明爭暗鬥血肉橫飛
古今為繼承遺產
兄弟反目成仇
亦不乏人

雖然世風日下

兄友弟恭情同手足
仍然比比皆是
我有五個同胞兄弟
我是長兄
健在者三人
遠在天涯海角
書信往還常相關懷
每年農曆春節
我都送份賀禮
為他們祝福

四海之內皆兄弟
兄弟情誼應加珍惜

（三月詩會九十三年二月份命題詩）

卷三 良性互動

詩品出於人品

——讀台灣汪洋萍〈古體新詩十四行〉

古遠清

詩的讀者為什麼越來越少？除了作品的晦澀難懂，使人閱不終篇外，還有一個重要原因是作者不關心社會，不回答現實中的重要問題，和不關心讀者的所思與所想。這種作品缺「鈣」：思想性甚低，作品審美功能與娛樂功能遠遠大於教育功能。當然，我們不能否定「為藝術而藝術」的作品。像杜甫的「兩個黃鸝鳴翠柳，一行白鷺上青天」，雖無思想性，但讀之能給人美的享受，這仍是佳作。但這類景物詩，畢竟不如杜甫自己的另兩句詩「朱門酒肉臭，路有凍死骨」那樣膾炙人口。這說明既有思想性又有藝術性的詩，比單純追求藝術美的詩更能傳唱不衰。

以上說的屬老生常談，但卻是診治詩歌不能走向社會，只能在象牙之塔內傳閱的一帖良藥。這些任人皆知的道理所以在這裡重提，是我讀了台灣老詩人汪洋萍多首〈古體新詩十四行〉之後的有感而發。我認為汪氏這些刊登在《世界論壇報》的詩作，就是我上面所肯定的既有思想性又有一定藝術性的好詩。雖然這些詩有思想性大於藝術性的不足，但畢竟不是標語口號的堆砌。這些詩最吸引人的地方，不是豆腐乾格式的「建築美」，而是詩中所表現的思想智慧對讀者的啓蒙教育作用。

我認識汪洋萍先生是我第一次訪台的一九九五年。他以《秋水詩刊》編委的身分接待我。我多次與他交往，包括一次赴宴、一次逛台北的景點，一起到郵局幫我寄走台灣文友送我的幾箱書刊。還有到他家作客印象最深的不是美酒佳餚，而是他慷慨送我一套《古丁全集》，並幫我郵寄至大陸。談及汪洋萍，台灣詩友無不稱讚他助人為樂的作風。據說《秋水詩刊》的許多事務工作（如郵寄書刊），差不多均由他協助處理。涂靜怡主編如果少了他這個幫手，長期的編務及社務工作，就更加辛苦了。他也認為自己有義務為《秋水》多盡點力，樂意做秋水的義工，因此他的名字一直列在編委名單中。

這次汪洋萍先生把他的〈古體新詩十四行〉全部寄我，我讀了後很高興地寫下這些讀後感。從文體上看，他創作的是名符其實的古體新詩，與他在《秋水詩刊》上發表的作品風格完全不同；從數量上看，也比某些同行產量高；從內容上看，涉及面相當廣：從政治到經濟，從軍事到外交，從文化到社會，從倫理到道德，從生死到苦樂，從人道到天道，從理想到妄想，從命運到生死，從苦樂到自省，從幻想到展望，幾乎無所不包。對比有些詩作者只寫個人的喜怒哀樂，甚至寫些不食人間煙火的詩，不難看到汪洋萍詩歌天地之寬廣。究其原因在於作者不把詩單純當作消愁破悶或自娛自樂的工具，而同時讓它擔負「載道」和「言志」的任務。不錯，這是一種傳統的詩學觀，完全沒有當今某些前衛詩人那樣新潮。但傳統不見得就是陳谷子爛芝麻。有些傳統詩還是要繼承發揚光大的。如果一切均從零開始，不要唐詩宋詞的傳統，摒棄五四新詩人所做的拓荒工作，那詩豈不會寫得越來越怪，越來越不可思議，難怪今天會出現「寫詩的比讀詩的多」這種不正常的情況。

在汪洋萍的古典新詩中，很難看到有矯揉造作的痕跡。他熟讀社會，熟諳人生，對重大題材作深入的開掘。從每一首詩看，題目甚大，大到可以寫一本書，但作者卻用高度概括的筆墨寫下自己對現實社會的評價。如〈政治〉一詩，在結尾處畫龍點眼寫道：

良策推行漸變質
官員民代跨黑金
歹徒橫行民驚恐

政治清明待何時

這裡寫的不是中國任何地區的政治，而是台灣特有的「黑金政治」，帶有鮮明的個性。末句表現了作者深沉的憂患意識。正因為有這種憂患意識，此詩才有激動人心的力量。

這種期待政治清明、社會安定的願望，並不是偶然和個別的，而是滲透到其它詩作中。作者不僅是寫政治詩是如此，即使以〈道德〉為題的詩，也表現了這種善良的願望：

人類初生靠自身
荒野覓食不求人
經驗啓發須互助
聚族而居相依存
各盡所能共安樂
積習成俗道德生
社會文明於焉始
己所不欲勿施人
看見人飢予濟助

遇到人溺伸援手
關懷社會獻心力
愛護自然做義工
人間事事現溫情
大地處處皆樂土

其中「關懷」與「愛護」兩句，可說是作者人格的自我寫照。汪洋萍無論是在職期間還是退休以後，為「社會獻心力」的精神不改，「做義工」的風格更令人肅然起敬。他的詩，說明了「詩品出於人品」的道理。

汪洋萍是一位老作家。他的生活經驗豐富常將自己的人生體驗寫進詩中，使詩帶有警世的作用。如「苦樂」中所寫的：

苦樂互生是常理
尋歡作樂苦相隨
人生苦樂總無常
苦中作樂暢胸懷
欲壑難填成苦果
知足常樂好自在

堪稱人生格言。值得那些「尋歡作樂」、圖一時痛快者以及那些「欲壑難填」的貪官者戒。

在體式上，汪氏古體新詩每首十四行，與西方的十四行詩行同而內容不同、表現手段不同，這屬汪洋萍的獨特創造。有些詩句獨立出來則像對聯，如「資訊網路遍天下／各行各業喜運籌」之類，由此可見此詩的中國民族特色。不足之處是個別議題較一般，還可在思想的新穎上再下些工夫。

（刊載《中國詩》攝影詩刊二〇〇二年一月）

樸實老爹汪洋洋

——兼論《浮生掠影》一書

台客

汪洋萍老爹又寄來一本他的最新詩文集《浮生掠影》，這是他的第十本著作，令我欽佩，也感到慚愧。欽佩的是針對他老而彌堅的勤奮好學精神與寫作毅力；慚愧則是感覺自嘆弗如，以及由於忙碌與疏懶，對於他以前的一些贈書，總是草草翻閱，沒能作深入閱讀。

汪洋萍老爹一九二八年生，今年已七十多歲了。我們是老鄉，同住在台北縣鶯歌鎮，他家不近也不遠，走路約十五分鐘。我們時相往還。有時他散步來我家坐坐，有時我騎機車前去找他，不管是在他家或我家客廳，我們總是愉快的聊著一些文壇上大大小小事情，直到盡興。

在我認識汪老爹十多年的過程中，我可以總結，汪老爹是一位公認的三「好」先生。在家他是位好老公、好老爸，文壇上他更是一位標準的好義工。文壇上有什麼活動，做事情總見得到他的身影，捐錢他也是一馬當先。他是一位謙謙君子，待人處世，和和氣氣，總是抱著自己上當，也不願別人吃虧的態度。他又是 國父孫中山先生的信徒，儒家精神的服膺者，從他的身上，我看了很多堅毅樸實無華的影子。在當今社會一片崇尚虛矯浮靡中，汪老爹無疑是山澗裡的一泓清泉，汩汩流著，只是你要有眼光，才能發現。

汪洋萍老爹是安徽人。他一九五〇年代隨軍來台，一生服務軍、公、教職數十年才退休，以前我是大抵知道的，但也不十分清楚。直到讀他的這本詩文集《浮生掠影》裡的文章「幸福的童年」、「苦難的少年」、「兇險的青年」、「踏實的中年」才真正瞭解。也更加佩服。在那個動亂的年代裡，有多少人默默地倒下了，連名字也沒有留下；有多少人載浮載沉，在社會的大染缸裡，最終被這個大染缸吞沒。只有夠堅強，夠毅力者，才能倖存，汪老爹是其中的一員，且是佼佼者。在閱讀他的這一部分自傳式的文章時，我的情緒幾度高低起伏，為其人生際遇的悲喜而感慨、感嘆！汪老爹在安徽老家的本名是汪承宗，為何來台後改名汪洋萍呢？原來是他從軍初次由廣州乘坐軍艦至海南島時，在海中感嘆自己像汪洋大海中的一葉浮萍，因而改名。由這個改名動作，也可以看出他為人處世一貫的謙和態度。

最後我要談談《浮生掠影》這本書的兩卷新詩：第一卷「為歷史見證」共

收入長詩六首，第二卷「暢抒胸懷」共收短詩三十三首，基本上這些作品都如作者在「自序」中所說的「我的詩文，是表達我對人生意義與生命價值的詮釋……」或許就詩言詩，很多詩篇都感覺「白」了些。然而基本上他的詩就如他的文，是在針對時政及社會各種現象，提出他個人的針砭與看法，一位七旬老兵的忠言，一位諄諄長者的建言，值得這個社會細細省思。

（二〇〇三年八月十八日）

（刊載《世界詩壇第二十五期》）

來自傳統

——讀汪洋萍著《浮生掠影》抒感

周煥武

無論是讀者或是評論家，如果只流覽過汪洋萍某些作品，而未接觸過他這個人，可能會說他的詩、文還不夠花俏。但若跟他交往過幾次，就不難發現他的作品像一面鏡子，所照見的正是他本人。

他本人樸實無華，既不好高騖遠，也不苟同自命前衛的流派。他的作品平實，從不以浮詞、高調來自飾高雅；使你一望而知，他是既不超前，也不落後而跟現實人類同喜同憂的平實作家。

從民國八十年到九十二年六月以來，他已出版四冊文集及詩集、詩文合集各三冊。我剛讀完六月初版的這冊《浮生掠影》詩文合集，並在「為歷史見證」的卷一，發現他以十一小節，一百行長詩，歷數蔣故總統經國先生出生入死，為國奔走歷練和他披荊斬棘，為民拓荒開路；以及他跟榮民弟兄及地方民眾同苦同樂，深情眷顧孤弱殘障的仁心義行和當年涉險除惡，建設贛南，後來獨排眾議，創造台灣政經奇蹟的豐功偉業。替各方讀者和更多民眾抒發了久悶於心的懷念。確是一首既不隱善，也不失真的感人史詩。

接下來的〈謊言〉和〈降服「幽靈」〉，都是揭惡閥奸的史詩，後者長達十五小節，二百一十五行，曾在中央日報「晨鐘」版連載兩天。像你、我這一大流眼中有國，心中有民，遍佈全球各地的中華兒女，的確都值得一讀、再讀。

這冊詩文合集第四卷，在「一路走來」這個子題下，作者把他的童、少、青、中年和退休以後的晚年生活，作了連貫的自述。從自述中看出他這平實、順暢的一生，都得力於教習有序的童年。

他的祖父是一位飽讀詩書的學者，而他又是深受疼愛的長孫；因為父母在農閒時要兼做副業，他就成了祖父、祖母的最愛。除從小常聽祖母講故事，常跟祖父練字外，到七歲時就在祖父引導下，陸續讀完三字經、論語、大學、中庸、孟子、朱子家訓及幼學故事瓊林等讀本。

半個世紀以後的今天，似覺這些舊式讀本太古板，甚至認為已不合現代。但對作者來說：這正是他來自傳統，不忘傳統的一大原因。因為祖父導讀這些讀本時，已提示過為人處事的原則，使他養成不偏不頗的觀念和守正不阿的習性。當他們安徽岳西黃石鄉間創辦小學時，他便成了受過傳統教育的當代學童。

值得一提的是他讀六年級時，有緣踏進生前考取秀才的叔外祖父的書房，而翻閱到國父著述的《三民主義》、《實業計畫》和《孫文學說》；並且關起門來，讀完這三本書。他說「雖不明其精義，都知其大意，是福國利民寶典。從此成為國父信徒，影響我的一生」。參證他這幾十年間的公私言行和詩、文寫作，就知他這些話是出自肺腑。

（原載二〇〇四年二月三日青年日報副刊）

楓韻未盡吐芬芳

——紫楓《楓韻》詩集讀後感

台客兄在電話裡告訴我，要送我一本書，不一會兒他就到了。一進門，我見他有倦容，不待我請，就坐在沙發上，從手提袋裡，取出一本光鮮亮麗的《楓韻》詩集給我。他又拿出一個便當盒，打開默默地吃著，我默默地翻看詩集。我們交談了片刻，他臨走時對我說，紫楓的詩寫得不錯，你慢慢欣賞，看完了寫篇讀後感吧。

我們兩家近在咫尺，常相往來。台客在桃園郵局服務，昨晚上夜班，今早八時下班，隨即趕往台北市，參與中國詩歌藝術學會年度詩選集審編工作，忙得連吃飯的時間都沒有。他主編《葡萄園》詩刊多年，公私兩忙，其辛勞可知。他竭盡心力為詩壇奉獻的精神，令我感佩。

台客走後，我被《楓韻》吸引，一鼓作氣讀。我能很快讀完這本詩集，是因詩句簡潔明朗，意象鮮活，語言流暢，詩的立意大眾化，與我的所見所聞所思所感，有許多不謀而合之處。

我閱讀詩集文集，必先讀序文、後記、評介及析論作為導讀，以啓發我的思維，擴大我的視野，以探視作者的心靈深處，作者與作品之間的契合與歧異。曉村兄的序文，萬登學先生的評論。周斌先生的析賞，對作者的人品與詩品，詩藝與才藝，都有獨到的見解，啓我觀察思辨。

當我讀到作者的後記，她說，「一九九四年，我開始寫新詩，從此欲罷不能，藉著詩，我記錄下這些年一路走來的觸景感懷，總是喜悅的時候少，傷感的時候多；終於我離開了教育單位。不是因為老，不是因為不愛教書，而是因為受不了周遭紛擾不安的環境……」。她這本詩集裡五卷共一〇七首詩，大部分都流露著傷感的情懷。她所傷感的不是個人情節，不是家務事，而是憂國憂民，悲天憫人的良知傾訴。

她是屏東師範學院語教系畢業，任國小教師，課餘從事兒童劇本、小說及現代詩創作，連年獲獎，現任高雄市兒童文學寫作協會監事，正當中年，在教育文化事業的高峰期，「因為受不了周遭紛擾不安的環境」——教改的亂象，使學生、家長、教師一同受累，投訴無門，她百般無奈，只好退休。

她說：「我計畫把創作現代詩做為生活的重心與寄託。如文曉村老師、萬登學先生給予我的批評，我的詩作有流於清淺直白的毛病。這可能與我不喜歡讀艱澀難懂的詩，和率真的個性有關，以後會努力下功夫，務必使自己的創作更精進，更深刻，更感動人。」關於鑑賞詩的品味，我有兩種體會：一、為寫詩而寫詩，寫得愈朦朧，愈晦澀，創新再創新，突破更突破，使人看不懂才是好詩，這是當下詩壇流行的時尚；二、為抒發胸懷，表情達意，與讀者作情感交流，盼能獲得共鳴而寫詩，只要詞能達意就好，清淺直白就是真情實感的解碼。有幾位好友，常說我的「詩」像白開水，我喜獲知音。如果有心神不爽的讀者，喝杯我的白開水，也許會提神醒腦，全身舒暢。

我們看紫楓〈傷懷〉這首詩：

希望不見了
是非不見了
眞愛不見了
羞恥不見了
免於恐懼的自由不見了
國家也不見了
我被拋回冰冷的大海

哭叫著上帝 天啊
我要怎麼游上岸
惡浪一波接著一波
命運註定了
我只有
自生自滅

她對執政者失望的悲鳴，痛恨的深切，表達了全民的心聲，只要能傳播入人民耳裡，必能引起共鳴，群起而誅之，贏回希望！再看〈政客〉這首詩，她怎麼寫的：

一手舉著利劍
挑釁族群仇隙
一手拿著聖經
高唱族群融合
人性的善惡
任你玩弄在股掌間
爲了掌權的遠景

否定顛覆過去的一切
黑的漂白　白的染黑
……
百姓是塊泥
撕裂揉合隨你捏塑

作者對當前的巨頭政客，觀察入微，將其險惡的心性，卑劣的手段，描繪出他善變的妖魔形象，啓發國人除之而後快。作者愛國愛民愛台灣的真誠，嫉惡如仇的勇氣，撻伐奸佞，大快人心。

再看她所寫〈他〉——獻給親愛的老公這首詩，二十二行分為五段，我摘其前後兩段，從她率真的個性，探索她人生幸福的一面：

萬般柔情地
他牽我走出樊籬
沒有洋房　汽車　美鈔
他送我一片藍天
縱我自由揮灑
彩繪我浪漫的人生

無私無我深情地
他把我栽成一株鳳凰
縱容我奔放一樹燦紅
沒有責備　怨尤　妒忌
他送我一生幸福

從她這十一行詩裡，可知她婚姻的美滿，也一定有個幸福家庭。但她的家庭生活及親子之情，都未入詩，未能發揮社教示範作用，甚為惋惜。她長期執教，像她那樣敬業的優良教師，一定會有感人的師生情誼，校園的歡樂情趣，可以入詩，洋溢芬芳，釀成良善風俗，以提升日漸沉淪的人文生態。

紫楓已計劃把創作現代詩作為生活的重心與寄託。《風韻》是她邁向理想的起點，我虔誠地祝福她：詩集一本接一本面世，傾吐生命的芬芳！

（原載《葡萄園》詩刊二〇〇三年冬季號）

苦盡甘來好自在

——《康莊紀事》讀後感

孫康先生寄贈一本新著散文集《康莊紀事》給我，說是散文集，不如說是精簡額要的自傳。全書共二五四頁，配有他人生旅程上景點照片五十張，水彩、水墨畫十幅，封底內頁還有一幅國畫紅梅。封面封底的畫面設計寓有深意，印刷精美，給人的第一印象，就使人愛不釋手。

全書分為三卷：卷一　驀然回首：計有敘事散文十一篇，可總覽他在生命途程中所經歷的苦難安危、絕處逢生、堅苦卓絕、一帆風順、美滿婚姻、幸福家庭及他樂觀進取的人生理想；卷二　藝林漫步：收集他暢遊藝林紀事文十六篇，從愛畫、學畫、觀畫、開畫展，到畫藝交流的觀點可知，他是為美化人生，提昇人類精神文明而從事繪畫藝術，不是「為藝術而藝術」。他的詩、書、畫論述，都蘊涵著中華文化的倫理道德，愛國思想及濟弱扶傾天下一家的世界觀；卷三　天涯行旅：有他旅遊、參觀、訪問歐美和中國大陸數十個名城古都的觀感，及途中所見所聞和奇緣奇遇的感性美文十六篇。例如：他參觀聖荷西的「中國文化公園」，看到高大的孔子銅像；中國傳統式建築的「國父孫中山先生紀念堂」和「中正紀念亭」內蔣公半身銅像及基座正面鏤刻的蔣公名言「生活之目的在增進人類全體之生活；生命之意義在創造宇宙繼起之生命」，聯想到孔子、國父、蔣公這一脈相承的中華文化傳統，出現在友邦的國土上，欣喜之情流露於字裡行間。

再如：他在「越戰紀念牆」與「西貢小姐」這篇文章裡說：據資料統計，越南有三百萬人死於戰亂，四百萬人受傷，比美國陣亡的官兵超過五十倍，這場殘酷的戰爭有什麼代價，人們為何如此愚昧開啓戰爭？是受到野心政客的擺佈、愚弄呢？有沒有沉思記取教訓作為殷鑑！孫先生行經紐約時，他在美國留學的兒子和媳婦，請他去觀賞轟動一時的「西貢小姐」歌舞名劇，劇情是越戰期間，一位美國大兵與越南姑娘戀愛結婚生子，戰後礙於美國法律規定，那位大兵不能攜帶妻子回國，那位「西貢小姐」將兒子交給丈夫，自我犧牲，了斷生命的真實故事。當演員謝幕時，觀眾報以熱烈的掌聲。孫先生沒有鼓掌，卻感嘆地說，他們是在承受越戰留下的後遺症和惡果。人們不記取歷史教訓，恐怕悲劇一再發生，可能就落在自己頭上。孫先生面對問題或觸景生情，總會啓發人們慎密的思維及深入的探討，這本書中到處可見。

他於一九八七年六月到漢城舉行慈輝畫會七人聯展，一位擔任翻譯及畫展酒會接待工作的韓國明知大學中文系女生南銀亭，由相識而成忘年交，並多次來台在他家作客而成義女，孝敬他們夫婦如親生父母。連南銀亭的同學李英蘭在他家過春節，也堅持以下跪叩頭行拜年禮，如此可見，孫先生和他的夫人親和力，大愛心。

我和孫先生有緣分，有情分，還有不可思議的巧合。我們都是出生在窮鄉僻壤的貧苦農家，年齡相差不到一歲，因抗日戰爭及國共內戰，青少年期，到處顛沛流離而從軍。隨軍來台幾經波折，他以優異成績考取國防部政治幹部學校，懷著理想抱負力求上進。民國四十一年因體檢發現患肺結核病，送新成立的陸軍第一肺病療養院嘉義灣橋分院療養。當時我任陸軍獨立六十四師衛生營醫療連少尉司藥，想報考國防醫學院專科部，體檢發現患兩側中型活動性肺結核送院療養，與孫先生是同院病友。住院病患都是體檢篩檢出來的現役青年官兵。我們一同住院數年，他獲院方賞識協辦行政工作，我也常參與院內慶典及集會活動佈置會場等雜務。病癒出院後，民國四十七年我們報名參加國軍退除役官兵轉任公務人員特考，同被錄取。後來他派到退輔會擔任《成功之路》月刊主編，我被安置在台東太平榮家承辦醫療業務，榮家主任又指派我為《成功之路》通訊員。為該刊撰稿，我們又變為主編與作者關係。承蒙他抬舉而獲得趙主任委員親頒獎狀，又聘為醫院、榮家、訓練單位榮民教育授課教師。孫先生民國六十七年在中央日報副刊「趣談」專欄連續發表吃甲魚、手足情深、「兵腔」與「官腔」三篇精美短文，我也是六十七年開始向中副投稿，屢投屢中。六十九年九月一日，我奉調輔導會第六處委任科員，他已升任第一處輔訓科長。我在輔導會任職十三年，因家眷仍留住台東，借住會屬單身職員宿舍，與孫先生家近在咫尺。我在科長任內屆齡退休，孫先生歷任簡任參事、專門委員，一直是我的上級長官，給我很多指導與啓發。我與孫先生的緣分、情分與一次又一次的巧合，在我的生命中留下美好的回憶，使我永遠的懷念。

退休後，我以閱讀、藉文字抒發心聲、參加文藝團體活動、隨時隨地做義工，都是受到孫先生的啓發。一晃十年過去，雖無成就，亦無遺憾。若說有遺憾，那是國事，天下事，我都有心而無力啊！

孫先生任公職三十六年，有輝煌業績，他的夫人在電信局服務，歷任業務主管，這對業餘書畫家，夫唱婦隨，婦唱夫隨，鑽研書畫藝術，成家立業，教養子女，功成名就，享譽藝林。

退休後，由業餘書畫家，成為專業書畫家，退休前後牽手將居四十年，交遊廣闊，時常在國內外開書畫個展、聯展，從事全方位文化交流，發揚博大精深的中華文化，獲得熱烈的回響。回到溫馨的幸福家庭，恩愛夫妻相伴，切磋詩書畫藝好自在。

秋水慶生會采風錄

秋水詩刊創刊三十週年慶，涂靜怡主編半年前就開始籌劃，要同仁們做好準備工作。她說，為了感謝三十年來，支持秋水的詩壇前輩，各詩社的好友和作者，邀請他們來共聚一堂為秋水慶生，交流情誼，分享喜悅。要在會場展出秋水一路走來，在過程中所保存檔案資料，詩人手稿，詩友書簡，以及秋水同仁所出版的詩集、文集、畫集、攝影集，和裝裱成幅的詩、書、畫、攝影作品，供來賓欣賞，請他們指教，答謝他們對秋水的期盼與關愛。

選擇中國文藝協會寬大而設備完善的會議廳，作為慶生會及展覽會場。為了配合出席「第二十三屆世界詩人大會」，也要參加秋水慶生會的詩友們（其中有從香港來的十餘位詩友）能兩全其美，秋水慶生會定於民國九十二年十一月二十三日舉行。開會的前一天，同仁們前往布置會場，由有室內設計裝潢專長的趙化、琹川、洪揚三位巧思安排，其他同仁配合操作，涂主編親臨指導，將同仁們數十幅畫作、攝影、書法，作有藝術美感配置，呈現在四壁牆上；一百餘部詩集、文集、畫集、攝影集及二十冊各種資料，排列在長長的窗台和臨時搭配的書桌上，使人一進會場，舉目四顧琳琅滿目，又將貴賓們送來的花籃、盆花點綴其間相互輝映，更顯得光鮮亮麗，喜氣洋洋，悅目怡情。

秋水詩刊創辦人古丁先生的《古丁全集》新詩、評論、散文精裝本三冊，最引人注目欣賞，而對他的人品、才華、風範追思懷念。

參加展出的畫作、攝影、書法，有涂靜怡的水墨畫、素描；亞嫩的油彩、粉彩；陽荷的油畫、素描；琹川的油畫、粉彩；俞梅的素描；風信子的摩畫；陳欣心的花，卡紙，花；莫非的攝影珍品；洪揚的書法影像、生活小瓶；汪洋萍的正楷書法。展現秋水同仁在廣闊的文藝領域中涉獵不懈。

慶生會下午三時開始，一點多鐘就有貴賓來到會場，有秋水同仁接待，奉上紀念品一一九期秋水詩刊一冊、秋水創刊三十週年紀念稿紙一疊。秋水三十週年詩選《泱泱秋水》的作者，另致贈詩選一冊。貴賓們進入展覽會場，交誼聯歡，熱情洋溢。

慶生會由秋水詩刊發行人綠蒂和主編涂靜怡共同主持，他們對來賓深致謝意，說了許多感人的心裡話，簡約言之：以感恩心懷念過去，以謙卑進取心迎接未來，向古丁先生創辦秋水詩刊的理想邁進，為發揚詩文化竭盡心力。鍾鼎文先生和墨人先生接著致詞，兩位前輩目睹秋水誕生，眼看秋水成長而給予支持與關愛。對秋水創辦人艱苦卓絕，為詩壇奉獻犧牲，及繼承者堅持理想原則，奮鬥不懈，走過三十年艱辛歲月，能屹立詩壇，成為新生代詩人的搖籃，是海峽兩岸詩文化交流的先鋒，業績斐然，予以肯定，慰勉有嘉。

文曉村先生和王祿松先生，與秋水詩刊創辦人古丁和涂靜怡是知交好友，對秋水詩刊創辦的起源及後續發展，有些少為人知的甘苦，有感而發，補敘了秋水詩刊的一頁滄桑史。他們對涂靜怡主編秋水詩刊三十年，出錢出力，奉獻了三十年青春歲月，秋水才有今天，深表讚佩。曉村先生直言快語，款款而談，真情流露；祿松先生說到精彩處，語氣昂揚，像朗誦一首讚美詩，將慶生會氣氛帶入高潮。還有向明先和方艮先生等幾位來賓，為秋水詩刊加油打氣，勉勵再創佳績，情真意切，給秋水同仁們極大的鼓勵。

座談會結束，雞尾酒會開始，酒席上放著三層大蛋糕，桌上擺滿一盤盤各樣美食餐點，還有咖啡和紅茶。賓主聯手切蛋糕，吹蠟燭，唱生日快樂歌，一片祝福聲，掌聲，歡笑聲。正值寒流來襲，户外寒風颼颼，烏雲滿天，細雨紛飛；秋水慶生會場，熱情洋溢，滿室溫馨，賓主盡歡，互道珍重。

（原載《秋水》詩刊一二〇期秋水詩刊創刊三十週年專集）

參觀王祿松先生傳統詩水彩畫展的感想

詩人畫家王祿松先生，於八十一年十月卅一日至十一月十三日，在臺北市金品藝廊舉辦傳統詩水彩畫展，他不忘老友，柬邀我去參觀。我觀賞回來以後，總覺得心裡有話要說，而我對傳統詩及水彩畫都非行家，不敢評長論短，我心中想說的話，只不過是我的感受與感想而已。

我是個生活圈子狹小，而心靈空間很大的人，又好「附庸風雅」，什麼畫展、書展，總想抽空去看看，想開開眼界，也沾點書卷氣及藝術色彩。王祿松先生，自民國七十一年至八十一年，共舉辦過九次個展，參加過十五次聯展，我參觀過幾次已記不清，但每次都有相同的感受，就是：賞心悅目，享受了一次美的盛宴。他的畫多是自然景觀，以自然色彩，呈現自然和諧之美。他的畫雖然是寫實，卻提昇了現實的意境，予人一心嚮往的感受。

例如：「冬之約」那幅畫，畫題就很有詩意。純淨皎潔的冬的景色，蘊蓄著勃發的生機，正期待春的訊息，象徵對未來的希望。那幅「仙果」，畫一個木瓜，不僅形狀色調有真實的美感，而且予人實質充盈甜美的意念，凝視之間，有取而食之的衝動，不禁垂涎。藝術的最高境界是真、善、美，在我這個俗人的眼裡，王祿松先生的畫，已登入真、善、美的殿堂。

王祿松先生，先後出版了九本新詩集，五本新詩水彩畫集，六本散文集，這是首次舉行傳統詩水彩畫展，是不是意味著他要回歸傳統呢？其實他的新詩，他的水彩畫，都很有傳統的韻味。我似乎不只一次看他穿著「唐裝」在聚會場合出現。他為人行事，也表現出許多傳統的優良風範。這次傳統詩水彩畫展，展出的十八首詩，詩與畫相互輝映，詩的字裡行間，與畫的彩色風韻，道出他的詩情畫意。我們看「繪事」這首詩：筆下青山翠欲流，腕間月色浩千秋，由來詩畫同源脈，無限江天一例收。說明了他的詩中有畫，畫中有詩，詩畫都蘊藏在他胸中丘壑。再看「畫醉」這首詩：鐵膽文心負一生，孤懷落寞欲無聲，風流唯有長毫筆，繪遍山河夢裡情。作者淡泊名利，與人無爭，將他的智慧與才情，都投注於詩畫裡，把孤懷的落寞，轉化成詩與畫，帶給觀眾與讀者心靈的悅樂。

畫家展現於觀眾面前的每幅畫，詩人給讀者的每首詩，都是他才情與素養的結晶。文如其人，詩如其人，畫亦如其人，我多次參觀王祿松先生的詩畫展，讀過他文章，再觀察他的立身行事，得到了印證。

但是，超現實主義畫家的抽象畫，和超現代派詩人的意象詩，都難以使人理解，甚至陷人於迷惘。這裏有米羅和畢卡索的兩幅「名畫」，請讀者鑑賞評價如何？這兩位世界「大師」級畫家的「名畫」，美感何在？意境如何？米羅的「女人與鳥」，曾於民國六十七年七月間，在臺北國泰美術館展出。那幅畫是借自巴黎一家畫廊，定價高達新臺幣一千三百萬元。它的價值在那裡？據聯

畢卡索的「閔怒徒（Minotaur）馬和天鵝的三位一體」，取材自69．7．21．中央副刊。

米羅名畫「女人與鳥」取材自76．7．6．聯合報

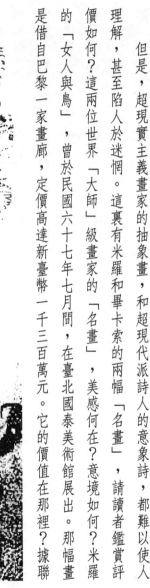

合報的報導，那是一幅高一六二公分的大幅油畫，同時展出的還有畢卡索和達利的小幅水彩。展出前一天據門票統計觀眾達一萬餘人，其中百分之七十是青年學生，想必都是慕名而去。國內藝術界人士並舉行有關畫展座談，藝評家們同聲讚譽，被譽為是藝壇盛事。那幅畫真的值得我們那麼重視嗎？

中央日報副刊，曾於民國六十九年七月二十一及二十二日兩天，連載程石泉先生「畢卡索畫展觀後」那篇文章，並附刊「閔怒徒馬和天鵝的三位一體」那幅「名畫」。程先生是於一九八〇年在紐約「現代藝術博物館」參觀畢卡索畫展，那也是一次很轟動的畫展。程先生是位名重士林的學者，我們聽他怎麼說：「畢卡索的成功便是他的失敗。……畢卡索自從流浪到法國巴黎以後，便和那班左傾份子和行為不道德份子相結納，於是一心一意追求名和利。……他的畫經過了猶太籍國際畫商的哄抬詭計，售價高到『尺紙寸金』。據云他死後的遺產估值四億美元。……畢卡索自己似乎也意識到他在物質方面的成功，掩飾不了他在創作方面的失敗。譬如他在一九六二年法文期刊『時代奇觀』中，曾經說道：『談到我自己，自從用立體主義來畫畫，我滿足了那一班富商巨賈，因為他們愛好高價的奢侈品。同時我的特別畫風，也滿足了一班繪畫評論家。我用了離奇古怪的想頭，畫出離奇古怪的畫。他們愈是不懂，愈是讚美我的畫。今天我已是大名鼎鼎，且富埒王侯，但是在靜中當我良心發現時，我簡直沒有膽量把我自己看做是藝術家。……我不過是一個畫界小丑，為一般觀眾，變一變戲法，逗他們開一開心而已。』畢卡索迷們：聽過他本人的自白，應該覺悟了吧。但是，那班既得利益的畫廊、收藏家和藝評家們，還是在為畢卡索大吹大擂，欺騙世人，畢卡索的世界級畫家大師地位並未動搖；那些「藝術愛好者」，實在愚昧得可笑。詩壇的歪風妖氣，亦不亞於畫壇。

程先生又感慨的說：「這些名之為創新的或者革新的文藝的作品，顯然具有某項共同的目標。那目標便是打破傳統價值規範，或者對其真、善、美、仁、義種種價值的澈底否定，藉以暴露正常人性的喪失，代之以不正常的人性。

他們藉了詩歌、小説、戲劇、音樂、繪畫、雕刻共同表現那種反乎常情悖乎事理的癖好。甚至於他們特別歡喜揭發某些人的惡性、罪根，把不合理的、不道德的、不正常的、崇尚暴動的、自戕自瀆的、肆意虐待的、狎邪淫穢的、噪雜錯亂的行為，作為人性的本然。藉以説服他們西方人使他們相信『上帝已經死亡了』。『道德只是謊言』。『愛情不過是一場笑話』。『高貴的品德、令譽、光榮統統是假的』。這項怨恨生命、怨恨社會、怨恨世界的呼聲，在世界各國（包括在臺灣的中華民國），都有一班自命不凡的、少不更事的狂小子，隨聲附和。西方卡繆、沙特，說人生是荒謬的、世界是荒謬的、宇宙是荒謬的，我們也跟著他們說那些是荒謬的。」

我引述程先生的文章，是想藉他的名望，提醒國人，不要受米羅、畢卡索、卡繆和沙特的矇騙，不要讓我們心靈活動的空間被他們污染。也希望我們的藝評家們，不要為提高自己的身價，昧著良心，為他們做吹鼓手。我更希望政府的各級文化服務單位和大眾傳播媒體，不要惑於他們的國際高知名度，為他們做義務宣傳。

我呼籲我們政府的各級文化服務單位和大企業家們，給予國內正派、清純的藝術家們贊助，使他們的作品能在國內各地經常展出，請我們的藝評家和大眾傳播媒體，為他們的作品做正面的評價與宣傳，使國人（尤其是青少年們）能受到高尚藝術文化的薰陶，以提昇我們國民生活的品質與生命的意境。

補註：我的這篇「參觀王祿公先生傳統詩水彩展的感想」及文中引述程石泉先生「畢卡索畫展觀後」的論述，雖是二十多年前的陳年往事，仍值得當今畫家、藝評家和政府當局省思而有所作爲，以提升日漸沉淪的精神文明，故此重刊。

「有用的詩，有用的詩人」讀後

自立晚報，於去（七十三）年七月九日及十日兩天，連載林雙不先生的一篇長文，評介詩人吳晟及其作品「愚直書簡」，題目是：「有用的詩、有用的詩人」，又加一副題——談吳晟詩作「愚直書簡」的一些感觸。醒目的大字標題，一看便知是編者先生最欣賞的好文章，那個「題目」——「有用的詩，有用的詩人」更吸引了我。我迫不及待的以虔敬的心情來讀這篇文章，咀嚼文中的詩句。

但是，我的心隨著我視線的移動，一直往下沉，像一個尋幽攬勝的人，被引導至一個瀰漫著愁雲慘霧、狹隘而鬼影幢幢的死角地帶，我感到陣陣寒慄，胸口陣陣的刺痛。時隔數月，那些「有用的詩」，那個「有用的詩人」和評文的作者，所形成的一個陰影，在我心頭，仍然揮之不去。我想，如果把我的感受和鬱積在心中想說的話說出來，也許會減輕我心理上的負荷。同時，我又覺得，說出我的感受，對作者來說，是一個忠實讀者的責任。所以，我才鼓起勇氣，寫這篇短文。

「有用的詩，有用的詩人」這篇文章，是向讀者介紹吳晟這位詩人，和詮釋他的詩作「直愚書簡」中的九首詩。作者首先說明他對新詩有惡感、有成見、不忍卒睹，敬鬼神而遠之。「等到吳晟詩作的一大堆剪貼寄來，我便壓抑住對新詩既有的成見，細心加以閱讀，讀完，我的詩眼開了；我看到真正的詩了，我知道往昔看的，根本不是詩；我看到真正的詩人了，我知道往昔看的，根本不是詩人，原來台灣島上也有詩，也有詩人……」作者為證實他所言不虛及增加這篇文章的份量，他引述瘂弦和苦苓的意見：「詩人瘂弦曾說吳晟是台灣的良心，苦苓也曾說吳晟感動人的，不只是詩，而是整個人格，印證於『愚直書簡』這組詩作，我以為，兩種說法都是恰確，中肯。」

作者對吳晟的「良心」與「人格」做了這樣的描述：「『愚直書簡』九首詩所表達的，固然是吳晟的良心與人格，同時也是整個台灣精神發展的心路歷程，簡單的說，就是一種由『自憐』而『痛心』而『抗議』而『怒吼』終至『自尊』的情感轉換，一種台灣人成熟過程的寫照。三四百年來，台灣人普遍都缺乏自做主人的恢宏氣度，普遍都有小媳婦或童養媳不正常心態，對人對事不敢爭，只能在受盡委曲之餘，自憐一番，自怨自艾一番。」以上這些說詞，我覺得過於武斷、誇大，遠離事實；如果說「小媳婦或童養媳不正常心態」，是吳晟與林雙不的心態，到也十分恰當。

林雙不武斷的否定了中華民國現代所有的詩人與詩作，獨尊吳晟是唯一的詩人，「愚直書簡」是唯一的詩作，這種說法是令人無法接受的。去年十月國立中央圖書館舉辦新詩大展，詩刊、詩集、詩篇琳瑯滿目，不是林雙不先生所能否定得了的。

他說「台灣人普遍都缺乏自做主人的恢宏氣度，普遍都有「小媳婦或童養媳不正常心態」是對「台灣人」莫大的侮辱。我讀過中國近代史，讀過丘秀芷撰述台灣先賢抗日興漢復國事蹟的文章；讀過涂靜怡讚頌台灣同胞「從苦難中成長」的詩篇；更親眼看到台灣同胞三十多年來，站在國家主人翁的地位，昂首闊步，樂觀進取，奉獻心力，創造了一個安和樂利的社會，創造了全世界人眼中的「奇蹟」，這些事實，也不是林雙不先生所能否定得了的。

他們自己才是真正缺乏做國家主人翁的恢宏氣度，也沒有詩人和文人應具備的遠大眼光與豁達的胸懷。也許他們是「懷才不遇」「大志難伸」才有那種自憐，自怨自艾的小媳婦和童養媳不正常心態。我從林文中發現，他們兩人似乎患了某種程度的「自閉症」，因而同病相憐。如林文說吳晟：「他沒有文學上的朋友，只有生活上的朋友，即使從事寫字工作的人和他交往，他也不讓友誼停留在所謂的純文學階段，而必須使友情深入生活，可以彼此關心，可以彼此商量生活中的任何細節。」又自我剖白說：「最重要的是親切，吳晟親切地寫著親切的台灣，寫著親切的農村，寫著親切的鄉民，用親切的文字。這圈圈層層的親切感，使我衝破自己向來保守的人際態度，產生認識他。……此後，由於多方面的類似，這五、六年來，他變成生活中最密切的兄長：」由此可見，他們的胸心是多麼狹窄；思想領域只有自己頭頂上的一片天，自己腳立的一塊地；是多麼不易交往相處，不易溝通觀念的人。

就「台灣人」一詞來說，在日據時代，日本人用來稱呼台灣同胞，以示與「大日本皇民」有別；台灣同胞也樂意自稱台灣人，表示他是中國人，不是日本人。現在，我們自稱或他人稱呼「台灣人」，像說「山東人」「江蘇人」「四川人」一樣，是用以區別省籍，都是中國人。這不僅是我們中國人如此稱呼，外國人也一樣，像美國人為說明自己生長的地方，也自稱「德州人」「加州人」或「紐約人」，而他們都是美國人。這樣稱呼沒有什麼不好，也沒有什麼不對。吳晟的詩和林雙不的文裡，只有鄉土觀念，沒有國家觀念，而且極力排斥國家觀念。我引用林文的一段話來證明：「期勉有心的鄉親『做一對家鄉有用的人』這種心胸形成之後，小媳婦或童養媳像火中再生的鳳凰，終於成為頂天立地的大丈夫了，台灣人的精神建設完成了，吳晟的人格同時圓滿了，此後，自我要求和要求同胞的明確目標建立起來了：『做一個對家鄉有用的人』，一個有自尊、肯負責、明是非、重信義的真正的人，做自己的主人。」這種思想是什麼思想，讀者一定明白。

「愚直書簡」詩集我沒見過，但我從林文評介及文中摘錄的「精華」部分可以看出，它有幾個主題：

第一，是強調地域觀念：把住在台灣的人，以二分法，分為「台灣人」與「外省人」。再強調台灣是台灣人的台灣，是台灣人的鄉土；外省人是過客。這是一種挑撥、分化，製造對立的說法。其實，所謂「台灣人」，除少數山地同胞外，說閩南語和客家話的，都是從福建和廣東遷居而來，與光復後遷來台灣的各省人，只有先來後來之別。我們都知道中華民族是發源於黃河流域，經過歷代的變遷，逐漸南移。現在，我們住在台灣的中國人，都是炎黃子孫，在中華文化的薰陶下，祭祀同一祖先，供奉相同的神明。吳晟和林雙不為什麼要自外於國家民族呢？三十多年來，政府用人惟才，不分省籍；考試、升學、各項就業都無省籍之分，省籍的地域觀念，已淡到無分彼此。尤其是各省聯姻，在台灣出生的新生代，他們除了戶籍上載有本籍，填寫各種表卡要填籍貫外，幾乎已沒有省籍的地域觀念。除了「中共」和「台獨」外，我們擁護政府的人，還有強調地域觀念的必要嗎？

第二、他「痛心」「台灣人」做效「外省人」向外移民，帶走了大把資金，「好像把管子插入母體抽血」，把母體抽瘦了。事實上台灣並沒有瘦。移民或向外投資，在國際間是正常的現象。我們國家的資金已經充裕到銀行有過多的存款貸不出去，政府正在擔心外匯存底快速增加所帶來的貨幣壓力，也正在以優厚的條件鼓勵廠商出國投資設廠。吳晟「痛心」是杞人憂天，也是自找苦吃。

第三、他「抗議」開發台灣的森林；「抗議」工業化所產生的環境污染；「抗議」社會繁縈所帶來的「到處林立的豪華大飯店，豪華理髮廳、豪華化妝公司。」原始森林難道要讓它枯朽腐爛？他知道砍伐了多少面積，又造林多少面積？如何去變更林相，為後代子孫培植更多更高貴的木材？快速的工業發展帶來的污染，是一個世界性的問題，不僅是台灣，政府時時在力謀改進，不能因噎廢食。倘若我們的國家仍停留在手工業社會，還能生存於今日的國際社會嗎？社會經濟繁榮，國民所得快速大幅增加，國民生活水準提高是必然的現象，難道那也是政府的罪過？吳先生應該看一看「華視」的「放眼看天下」節目，看看外面的世界，全世界各大都市無不是高樓大廈林立，霓虹燈耀眼奪目，沒有那些豪華大飯店，去年怎會有一百五十萬觀光客前來我國觀光。觀光事業正是各國爭相發展的「無煙囪工業」。

台灣是個缺乏資源的海島，我們的經濟成長全靠工業生產與出口貿易，必須我們全國同胞一齊動腦動手，使我們的工業升級，出口貿易在國際市場立於不敗之地，才能確保我們的生存。生存安全有了保障，我們才能從事文化建設，來提高我們的生活品質。「自憐」「痛心」「抗議」「怒吼」只會損傷我們的元氣，破壞我們的和諧團結，增加我們的危機。

第四，他「抗議」言論不自由。他們那些具有挑撥、煽動與破壞性的詩與文，能在大學講台上公開朗誦，能在報紙上公開發表，不就證明言論是很自由的嗎？

我對吳、林兩位先生因患「自閉症」而產生的小媳婦及童養媳不正常心態，深表惋惜與同情，更期盼與祝福他們在我們這個處處有溫情的社會裡，在政府長期妥善的照顧下，能早日恢復健康，放眼天下，敞開胸懷，為我們廣大讀者們寫些真正有用的詩與文，成為我們國家真正有用的詩人！

（原載秋水45期74・1・30）

補註：台灣社會墮落成今天這個樣子，是當年那些目光如豆，胸心狹小，凡事偏見的詩文作家寫詩爲文，鼓吹族群欺視、對立、衝突惡性互動的惡性循環所形。我重刊這篇文章，是希望眞心愛台灣的人，知所醒悟，有所作爲，爲當代人創生機，爲子孫謀幸福！

詩與民族性

中國文藝協會，接受行政院文化建設委員會委託，舉辦「文學巡迴講座」，一共要舉辦六次，台北市四次，高雄市兩次。第一次是邀請黃永武教授，於四月十四日（星期天）下午三至五時，在文協文藝廳發表專題演講，講題是「詩與民族性」。我接獲文協的通知，就決定暫停一次例行的登山活動，要去聽講。那天因為公車脫班與擁擠，我遲到十幾分鐘，除了對黃教授感到抱歉外，更為少聽十幾分鐘演講而遺憾。

那是一次成功的演講，聽眾他們都靜靜的傾聽，我對黃教授的演講留下極深刻的印象。黃教授認為詩與民族性是密不可分的。中國詩人的詩含有中國的民族性；西方詩人的詩也含有西方的民族性；以西方詩人的觀點，來欣賞中國詩人的詩，往往體會不到作者最深的心靈意境。以一個西方人的觀點來評論中國人的詩，又怎能切中肯綮呢？

黃教授舉出一些例證，他說，西方民族性比較剛強，所以歌頌太陽的詩篇很多，西洋詩裡很少有歌頌月亮的；中國民族性比較柔弱，所以讚美月亮的詩篇很多，而以太陽為素材的詩作很少。又如，中國詩人歌頌母親的詩與歌頌父親的詩比例，大約是九與一之比，這就是我們民族性柔弱的關係。

他說，西方人崇拜英雄，因為英雄能將他的聰明才智完全發揮出來，是止乎情，西方人崇拜的拿破崙，可比擬我們中國的項羽，而項羽在我們中國人的眼裡，只算得四、五流的人物。我們中國人崇拜聖人，因為聖人在情之上更有一層「理」，發乎情止乎理，就是聖人，是中國人最崇拜的偉大人物。

在中國歷史上最受人崇拜的三位人物是孔子、范蠡和諸葛亮。孔子有志造福於天下國家與人民，當他知其道難行，就有「乘桴浮於海」的隱退之念，而終於從事文化紮根的工作，集中華文化之大成，二千多年以來，對中國民族性影響很大。范蠡當國家敗亡時，他獻出了一切，為復國雪恥而奮鬥，把國家復興起來，他就功成身退，不貪戀權位，帶著他心愛的西施去過隱士生活。諸葛亮是一位隱士，「苟全性命於亂世，不求聞達於諸侯」，當劉備三顧茅廬，誠懇相求，為著國家，他挺身而出，知其不可而為之，以至「鞠躬盡瘁，死而後已」。中國詩人多多少少都有這種氣質，而表達於他們的作品中。

他的另一發現是，在中國的傳統詩中，情詩很少，而舒懷、寫景、感嘆時事的詩很多。西洋詩中，情詩佔了極大的比例。這是因為西方人先戀愛再結婚，我國古代社會的男女，是先結婚再戀愛，婚後的戀情，又受到大家庭的倫理觀念及社會習俗的束縛，很少寫成情詩，即使有寫情詩也不便公開，不編入詩集流傳。那些很少的情詩，有些是悼亡或懷念的詩，有的是寄情藝妓與情人的詩，從這一畸形發展看，我們的民族性也不都是很好的。

再者，中西民族性的不同是，西方人與自然萬物是對立的，他們口口聲聲要征服自然，要征服萬物，而我們中國人自古即講求與自然萬物和諧相處，所謂「民吾同胞，物吾與也。」例如：中國人對玉及對松、竹、梅、蘭、菊，都非常喜愛與尊敬，稱松竹梅為歲寒三友，稱梅蘭竹菊為四君子，並用以象徵人高尚完美的品貌與人格，而表現於詩篇，這是西洋詩裡所沒有的。西方國家選最艷麗的花為國花，而國選花朵很小，在百花凋零的時節，於冰雪嚴寒中盛開的梅花為國花，有它的歷史淵源，西方人是難以理解的。

再從另一個角度去探索，我們的民族性深受地理環境的影響。我國東鄰於海，海洋多變化，以龍為象徵。南方地處亞熱帶，人民比較熱情，以鳳凰為象徵。西邊是廣漠的高原，自古邊患無窮，征戰特多，以麒麟為象徵，因為麒麟是一種有至高德性的動物，取以德止戰，不妄動干戈之義。北方寒冷，萬物易受冰雪摧殘，人民為保命長壽，就以龜能長壽為象徵。所以龍、鳳凰、麒麟與龜常入詩，並象徵吉祥，這是西洋詩裡所見不到的。又西方人以貓為題材的詩不少，而在中國的傳統詩裡，從未見過一個「貓」字，因為中國人認為貓是不祥之物。

談到詩的欣賞，黃教授認為，不僅要了解每個字的含意，並且了解作者當時的處境、心理狀態與社會背景。他說，他讀到白居易「琵琶行」裡的「同是天涯淪落人，相逢何必曾相識」詩句，對「天涯」一詞感到疑惑，以地理位置說，當時的九江，是水陸交通的要道，說得上是中心地帶，並非邊陲塞外，怎能說是「天涯」呢？以白居易的身分地位來說，他是一名政府官員，又怎能與一位遭遇不幸的女子相提並論，而自視為「天涯淪落人」呢？他為了解「天涯」一詞的含意，他翻閱了五萬多首詩，找出一千多首詩中有「天涯」一詞，他經過比對研究發現「天涯」是指皇帝所居的京城以外的地方，離開了京城就是「天涯」。黃教授慨嘆地說，中國歷代知識分子都不願離開京城，遠走「天涯」去求發展，所以我國的西北，歷數千年尚未開發。美國的西部不到兩百年就開發繁榮起來。

黃教授對詩學研究的精神真是令人敬佩。他認為考據有助於詩的欣賞。他說中國人欣賞一首好詩，就在詩句邊圈圈點點，搖頭幌腦地吟哦，只說好、好，不必說好在那裡。西方詩人欣賞詩，注重解析。如果將一首詩詳細的解析，一定要說它好在那裡，反而破壞了它的情趣與完美。

黃教授的演講，沒有講稿，隨口而出，順理成章，精彩極了。我未準備筆記，以上所寫只是事後記憶所及的點點滴滴，恐未能盡摘其精華，備記其要點，倘有與黃教授所講有出入之處，那是我的錯誤。請黃教授和聽講的先進們予以指正。

聽君一堂課，勝讀十年詩。從「詩與民族性」看來，我們的現代詩壇上，為詩的「縱的繼承」、「橫的移植」或「完全西化」爭吵幾十年，是多餘的。詩離不開民族性，失去民族性的詩，也就不是這個民族的詩了。

近年來，由於交通的便捷，各國家民族間的商業與文化活動的密度日漸增加，各個民族性也在互相影響，似乎有走向天下一家的趨勢。可是，在另一方面，各國都在大力維護他們民族傳統文化，深怕自己的民族性，被時代的巨流所淹沒，這是有目共睹的事實。詩是表達情感的，是一個民族的精緻文化，詩人是民族文化的傳人。正如黃教授所說，我們的民族性並不都是好的。揚棄那些不好的部分，吸收些好的外來的營養也是必要的。但自卑與媚外都不是詩人應有的心態。詩運與國運息息相關，詩人們，為復興我們國家民族盡一分心力吧！

（原載秋水詩刊46期）

補註：目前台灣詩壇流行的時尚詩風，是突破與創新，講求意象化與朦朧美，並不在乎「詩與民族性」。其實，詩孕育於民情與國情，黃教授的「詩與民族性」經典名言，仍值得我們重視，茲重刊以供當代詩人參考。

敬向海峽兩岸政治領袖們建言

我們中華民族近百餘年來，被西方敵國主義者及日本軍國主義者，欺凌壓榨，以致國窮民困，又屠殺了我們幾千萬同胞。軍閥割據，國共內戰，自相殘殺，更助長了敵人侵略氣勢，使國家民族頻臨存亡絕續邊緣。所幸，國民黨播遷來台，創造了台灣奇蹟；中共改革開放，經濟起飛，社會安定。中華民族前途展現曙光，使西方觀察家發出「廿一世紀是中國人的世紀」讚歎！

近觀美英聯軍進攻伊拉克的霸權心態，是帝國主義復活；日本政治人物頻頻參拜靖國神社，又霸佔我們的釣魚

補註：這篇建言，曾夾在我的詩文集《浮生掠影》郵呈海峽兩岸十位政治領袖。

以文會友

中央日報 敬贈

海內存知己　天涯若比鄰

NO……………

台，日本軍國主義者，在蠢蠢欲動。中國人所承受的悲慘血淚史實，殷鑒不遠，海峽兩岸政治領袖和全球中華兒女，都應知所警惕！國土分治已成事實，是一觸即痛的歷史傷痕，相互咎責，不僅於事無補，反而會使傷痕加深。

主權、統一讓時間去療傷止痛吧！目前最重要的是：兩岸遵守相互尊重，一個中國各自表述，各自勵精圖治，互助合作，互利互惠。不讓潛在的敵人從中分化，製造可乘之機而得漁利。在國際事務涉及兩岸者，敬請慎思、明辨、篤行，使之相得益彰，則國家幸甚！全民幸甚！

中華民國台灣居民汪洋萍謹呈　二〇〇三年七月二十日

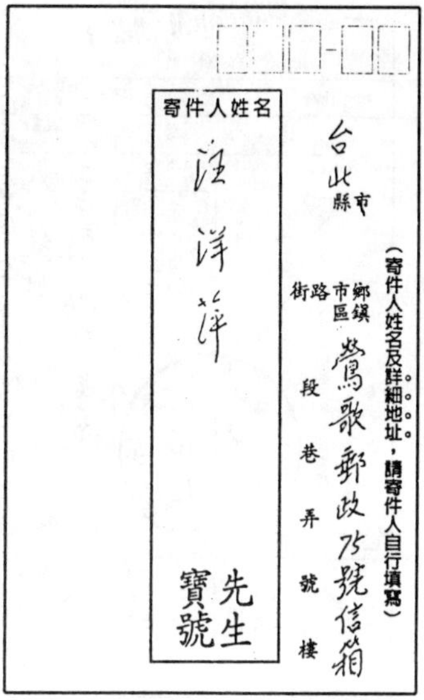
寄件人姓名
汪洋萍 先生 寶號
台北縣市 鄉鎮市區 路街 段 巷 弄 號 樓
鶯歌郵政75號信箱
（寄件人姓名及詳細地址，請寄件人自行填寫）

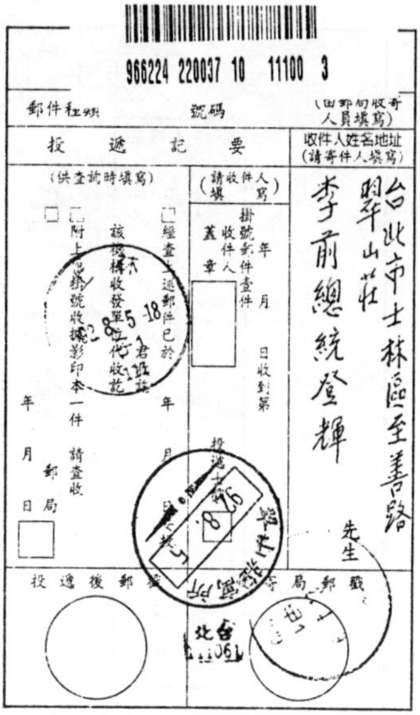
966224 220037 10 11100 3
郵件種類 號碼 （由郵局收寄人員填寫）
投遞記要
收件人姓名地址（請寄件人填寫）
台北市士林區至善路 翠山莊
李前總統登輝 先生
（供查詢時填寫）
附上原掛號收據影印本一件 請查收 年 月 日 郵局
經查上述郵件已於 年 月 日 該機構收發單位代收訖
（請收件人填寫）
掛號郵件壹件 收件人 蓋章 年 月 日收到第 號
投遞後郵戳 收寄局郵戳

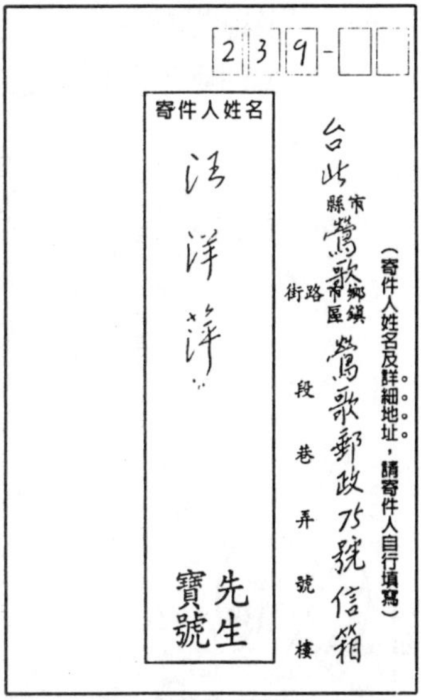
239-
寄件人姓名
汪洋萍 先生 寶號
台北縣市 鶯歌鄉鎮市區 路街 段 巷 弄 號 樓
鶯歌郵政75號信箱
（寄件人姓名及詳細地址，請寄件人自行填寫）

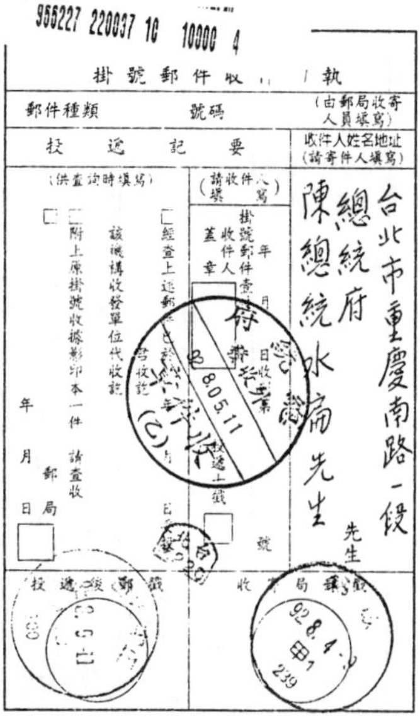
966227 220037 10 10000 4
掛號郵件收件回執
郵件種類 號碼 （由郵局收寄人員填寫）
投遞記要
收件人姓名地址（請寄件人填寫）
台北市重慶南路一段 總統府
陳總統水扁 先生
（供查詢時填寫）
附上原掛號收據影印本一件 請查收 年 月 日 郵局
經查上述郵件已於 年 月 日 該機構收發單位代收訖
（請收件人填寫）
掛號郵件壹件 收件人 蓋章 年 月 日收到第 號
投遞後郵戳 收寄局郵戳

寄件人姓名
汪洋萍 先生 寶號
台北縣市 鄉鎮市區 鶯歌郵政75號信箱 街路 段 巷 弄 號 樓
（寄件人姓名及詳細地址，請寄件人自行填寫）

966223 220037 10 10000 8

掛號郵件收據

郵件種類 號碼 （由郵局收寄人員填寫）

收件人姓名地址（請寄件人填寫）
台北市重慶南路一段
總統府
呂副總統秀蓮 先生

投遞記要
（供查詢時填寫）
□經查上述郵件已於 年 月 日妥投
□附上原掛號收據影印本一件 該機構收發單位代收訖 君收訖 請查收
郵局 年 月 日
（請收件人填寫）掛號郵件壹件 收件人 年 月 日收到 蓋章
投遞後郵戳　收寄局郵戳

寄件人姓名
汪洋萍 先生 寶號
台北縣市 鄉鎮市區 鶯歌郵政75號信箱 街路 段 巷 弄 號 樓
（寄件人姓名及詳細地址，請寄件人自行填寫）

966225 220037 10 10000 6

郵件種類 （由郵局收寄人員填寫）

收件人姓名地址（請寄件人填寫）
台北市忠孝東路一段
行政院
游院長錫堃 先生

投遞記要
（供查詢時填寫）
□經查上述郵件已於 年 月 日妥投
□附上原掛號收據影印本一件 該機構收發單位代收訖 君收訖 請查收
郵局 年 月 日
（請收件人填寫）掛號郵件壹件 收件人 年 月 日收到第 號 蓋章
收寄局郵戳

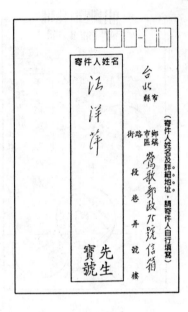

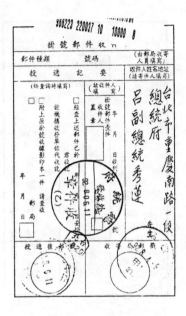

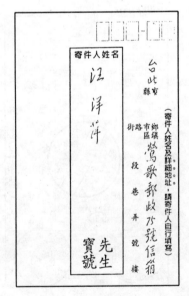

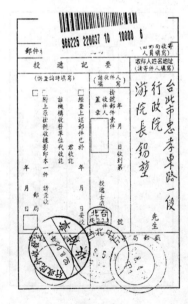

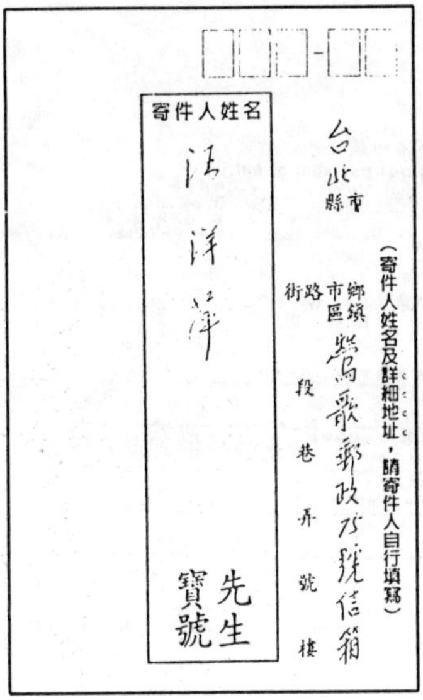
寄件人姓名
汪洋萍 先生 寶號
台北縣市 鄉鎮市區 鶯歌郵政75號信箱
街路 段 巷 弄 號 樓
（寄件人姓名及詳細地址，請寄件人自行填寫）

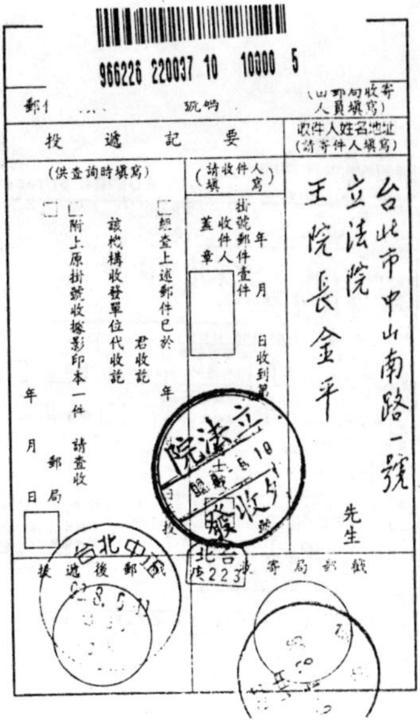
966226 220037 10 10000 5
郵 號碼 （由郵局收寄人員填寫）
收件人姓名地址（請寄件人填寫）
台北市中山南路一號
立法院
王院長金平 先生
投遞記要
（供查詢時填寫）
經查上述郵件已於 年 君收訖
該機構收發單位代收訖
附上原掛號收據影印本一件 請查收
郵局 年 月 日
（請收件人填寫）
掛號郵件壹件 年 月 日收到無誤
收件人蓋章
立法院 收發
投遞後郵戳
收寄局郵戳

98-00-14-05
中華民國郵政
THE REPUBLIC OF CHINA
原寄郵政
Postal administration of origin

CN 07
(old C 5)

收件／收款／登帳回執
ADVICE of receipt/of delivery/of payment/of entry

原寄局 office of posting | 日期 Date

收件人 Addressee of the item 北京市中南海 江澤民先生

郵件種類 Nature of the item
優先處理 Priority/ 信函 Letter ✓ | 非優先處理 Non-priority/ 印刷物 Printed paper | 包裹 Parcel
記錄 Recorded
掛號 Registered ✓ | 投遞 delivery | 保價 Insured
號碼 No of item | 金額 Amount
普通匯票 Ordinary money order | 付款 Outpayment | 總額 Amount
存款匯票 Inpayment money ord | 支票 cheque

由寄達局填註 To be completed at the point of destination
上述之件業已妥投 The item mentioned above has been duly
投遞 delivered | 付訖 Paid | 登列郵政 credited to 劃撥帳戶 giro account
日期及簽署 Date and signature*

本回執可由收件人簽署，或依寄達國之規定，授權由第三人或寄達局官員代為簽署。
*This advice may be signed by the addressee or, if the regulations of the country of destination so provide, by another authorized person or by the official of the office of destination.

To be filled in by the sender

郵政公事 On postal service
寄退局郵戳 Stamp of the office returning the advice

優先處理 Priority/
航空 By airmail

本回執應寄退 Return to
姓名 Name 汪洋萍
街(路)名及門牌號數 Street and No 台北縣鶯歌郵政75號信箱
地名及國名 Locality and country

2,500本 85. 6. 210×105mm(147.7g/m² 色模造紙)

98-00-14-05
中華民國郵政
THE REPUBLIC OF CHINA
原寄郵政
Postal administration of origin

CN 07
(old C 5)

收件／收款／登帳回執
ADVICE of receipt/of delivery/of payment/of entry

原寄局 office of posting | 日期 Date

收件人 Addressee of the item 北京市中南海 胡錦濤先生

郵件種類 Nature of the item
優先處理 Priority/ 信函 Letter | 非優先處理 Non-priority/ 印刷物 Printed paper | 包裹 Parcel
記錄 Recorded
掛號 Registered | 投遞 delivery | 保價 Insured
號碼 No of item | 金額 Amount
普通匯票 Ordinary money order | 付款 Outpayment | 總額 Amount
存款匯票 Inpayment money ord | 支票 cheque

由寄達局填註 To be completed at the point of destination
上述之件業已妥投 The item mentioned above has been duly
投遞 delivered | 付訖 Paid | 登列郵政 credited to 劃撥帳戶 giro account
日期及簽署 Date and signature*

本回執可由收件人簽署，或依寄達國之規定，授權由第三人或寄達局官員代為簽署。
*This advice may be signed by the addressee or, if the regulations of the country of destination so provide, by another authorized person or by the official of the office of destination.

To be filled in by the sender

郵政公事 On postal service
寄退局郵戳 Stamp of the office returning the advice

優先處理 Priority/
航空 By airmail

本回執應寄退 Return to
姓名 Name 汪洋萍
街(路)名及門牌號數 Street and No 台北縣鶯歌郵政75號信箱
地名及國名 Locality and country

2,500本 85. 6. 210×105mm(147.7g/m² 色模造紙)

98-00-14-05
中華民國郵政
THE REPUBLIC OF CHINA
原寄郵政
Postal administration of origin

CN 07
(old C 5)

收件／收款／登帳回執
ADVICE of receipt/of delivery/of payment/of entry

原寄局 office of posting	日期 Date
收件人 Addressee of the item 北京市中南海 溫家寶先生	

郵件種類 Nature of the item

優先處理 Priority/ 信函 Letter	非優先處理 Non-priority/ 印刷物 Printed paper	包裹 Parcel
掛號 Registered	記錄 Recorded 投遞 delivery	保價 Insured
號碼 No of item		金額 Amount
普通匯票 Ordinary money order 付款匯票 Inpayment money ord	付款 Outpayment 支票 cheque	總額 Amount

由寄達局填註 To be completed at the point of destination

上述之件業已妥投 The item mentioned above has been duly 投遞 delivered	付訖 Paid	登列郵政 credited to 劃撥帳戶 giro account
日期及簽署 Date and signature*		

本回執可由收件人簽署，或依寄達國之規定，授權由第三人或寄達局官員代為簽署。
*This advice may be signed by the addressee or, if the regulations of the country of destination so provide, by another authorized person or by the official of the office of destination

郵政公事 On postal service
寄退局郵戳 Stamp of the office returning the advice

優先處理 Priority/
航空 By airmail

To be filled in by the sender

本回執應寄退 Return to

姓名 Name	汪洋萍
街(路)名及門牌號數 Street and No	台北縣鶯歌郵政75號信箱
地名及國名 Locality and country	

2,500束 85. 6. 210×105mm(147.7g/m² 色模)(台洋)

98-00-14-05
中華民國郵政
THE REPUBLIC OF CHINA
原寄郵政
Postal administration of origin

CN 07
(old C 5)

收件／收款／登帳回執
ADVICE of receipt/of delivery/of payment/of entry

原寄局 office of posting	日期 Date
收件人 Addressee of the item 北京市中南海 吳邦國先生	

郵件種類 Nature of the item

優先處理 Priority/ 信函 Letter	非優先處理 Non-priority/ 印刷物 Printed paper	包裹 Parcel
掛號 Registered	記錄 Recorded ✓ 投遞 delivery	保價 Insured
號碼 No of item		金額 Amount
普通匯票 Ordinary money order 付款匯票 Inpayment money ord	付款 Outpayment 支票 cheque	總額 Amount

由寄達局填註 To be completed at the point of destination

上述之件業已妥投 The item mentioned above has been duly 投遞 delivered	付訖 Paid	登列郵政 credited to 劃撥帳戶 giro account
日期及簽署 Date and signature*		

本回執可由收件人簽署，或依寄達國之規定，授權由第三人或寄達局官員代為簽署。
*This advice may be signed by the addressee or, if the regulations of the country of destination so provide, by another authorized person or by the official of the office of destination

郵政公事 On postal service
寄退局郵戳 Stamp of the office returning the advice

優先處理 Priority/
航空 By airmail

To be filled in by the sender

本回執應寄退 Return to

姓名 Name	汪洋萍
街(路)名及門牌號數 Street and No	台北縣鶯歌郵政75號信箱
地名及國名 Locality and country	

2,500束 85. 6. 210×105mm(147.7g/m² 色模)(台洋)

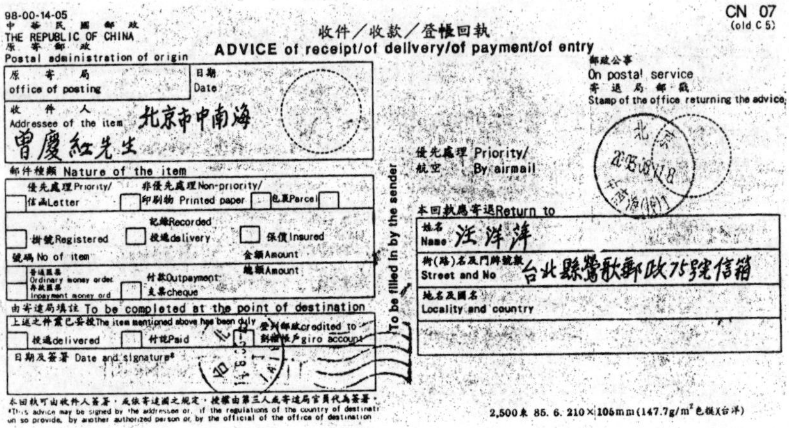

98-00-14-05
中華民國郵政
THE REPUBLIC OF CHINA
原寄郵政
Postal administration of origin

收件／收款／登帳回執
ADVICE of receipt/of delivery/of payment/of entry

CN 07
(old C 5)

原寄局 office of posting
日期 Date
收件人 Addressee of the item 北京市中南海 曾慶紅先生
郵件種類 Nature of the item
優先處理 Priority/ 信函 Letter
非優先處理 Non-priority/ 印刷物 Printed paper
包裹 Parcel
掛號 Registered
記錄 Recorded 投遞 delivery
保價 Insured
號碼 No of item
金額 Amount
普通匯票 Ordinary money order
存款匯票 Inpayment money ord
付款 Outpayment 支票 cheque
總額 Amount
由寄達局填註 To be completed at the point of destination
上述之件業已妥投 The item mentioned above has been duly
投遞 delivered
付訖 Paid
登入郵政劃撥帳戶 credited to giro account
日期及簽署 Date and signature*

本回執可由收件人簽署，或依寄達國之規定，授權由第三人或寄達局官員代為簽署。
*This advice may be signed by the addressee or, if the regulations of the country of destination so provide, by another authorized person or by the official of the office of destination

To be filled in by the sender

優先處理 Priority/
航空 By airmail

郵政公事
On postal service
寄退局郵戳
Stamp of the office returning the advice

本回執應寄退 Return to
姓名 Name 汪洋萍
街(路)名及門牌號數 Street and No 台北縣鶯歌郵政75號信箱
地名及國名 Locality and country

2,500 本 85. 6. 210×105mm (147.7g/m² 色模(台洋)

中央日報

洋萍吾兄道鑒：

大作敬悉，吾兄對國是、時事諸多見解，研析精深，治學嚴謹，令人感佩。

繼先奉命接任中央日報以來，兢兢業業，力圖再造黨報新局，今後尚請吾兄時賜南針，多所策勵，則不勝感禱之至矣。耑函　奉復　即頌

圓和秋安

敬上

八月二十五日

中央日報敬贈

以文會友

海內存知己 天涯若比鄰

NO. 1

劉社長勳鑒：

承蒙賜教策勉，不敢懈怠，再陳杞人之憂，竭盡愚誠，以報 社長的關愛。

頃閱九月二十一日，中央日報社論，有這樣一段話「放眼古今中外，權威的統治者都會利用政治的力量來決定歷史的真相。如果今天的民進黨也以同樣的手法來做同樣的事，又與權威時期的國民黨有何差異。」這像在為民進黨辯護而揭國民黨的瘡疤。又如連主席在「參選宣言」裡說：「過去對國家有很多輝煌的建設，但是都不足以掩飾本黨曾經腐敗的事實。」還有國親兩黨的民代及傾向本黨的學者，在電視節目辯論政治議題時，亦常引述所謂戒嚴時期的專制獨裁及白色恐怖，以批評民進黨執政，在讀者及觀眾心裡，也許會想到是有樣學樣，而對本黨是極大的傷害！

本黨在大陸失敗及在台灣受挫，都敗在文宣。本黨執政不是沒有缺失，全黨同志應將缺失緊記在心，相互共勉，痛改前非，不是自鳴清高，而自揭瘡疤，授人話柄。總統大選在即，各項文宣尤須謹言慎行。謹此敬頌

勳祺

讀者 汪洋萍敬上
九月廿二日

中央日報

洋萍吾兄道鑒：敬啟者

頃 再奉九月二十二日大函，吾兄對央報言論方針諸多建言，繼先至深感紉，已轉請編採同仁謹慎將事，期能不負 吾兄厚望。

央報為中國國民黨黨報，總統大選在即，尤須積極配合本黨文宣策略，不得稍有輕忽。吾兄對本黨關愛備至，繼先已與編採部門妥慎研議，務請博採周諮，謹言慎行，不負 吾兄所託。敬祈 吾兄續予愛護，時賜南針，俾有遵循，並符雅望。耑函

奉復 即頌

秋祺

敬上

九十二年九月二十九日

百年來中國文學學術研討會《專用稿紙》

洋洋兄：數數造府叨擾，為的是享受屬於你特有的那份自適的樸实而真摯。我是一個任性而極端厭惡流俗的人，所以常於日用學行中，被朋輩視為恃性乖張自鳴清越的狂生。不過這樣也好，免去了些無謂的酬應，也保全了自我性情中不期然而然的率直；而率直在今日社会人際傾向中，是不大容易被接受的；由於我不在乎被接受，儘管在大半生的工作和生活中，不能避免某種群性的適應，但我还是堅持也避免了。新闻和藝文界朋友，無論盛名和才學如何，祇要被我看出偽飾的性情，即使他頓折節下交，我總寧願迴避，甚至抗拒。

而兄論交不久，承蒙不棄，厚待而厚愛，每令我動心動容。垂暮之年得一知己，大快！數數叨擾，多蒙盛待；略抒至暖之謝，餘不一一。尚候

身心康泰

韓濤 九二、三、十五凌晨

25×12=300

中央日報・製

又向兩岸領袖建言，讀之尤令人血淚，希向有關人士一一寄陳，
藉啟其心智而發其良知也。

洋萍先生：

頃接

大著浮生掠影一冊，內中詩文各半，都是真情至性之作，

亦為我等同一時代的同一境遇者的心聲，讀之視如

見故人，如思故鄉，如感故情……，至謝！

讀封面「原我」一詩，感悟尤多。特撰一聯，奉呈 郢正：

洋灑為文千載業；萍蹤寄述一人生！

但其意境不及 先生所謂「我一無所有，我又擁有一切」之高遠也。

肅此覆謝，並祝

暑安

愚（弟）林大椿敬上 92、8、13

政治作戰學校新聞研究所新聞學系用箋

畢璞兄大鑒：

承贈尊著浮生掠影，拜讀一過，得知兄來歷與弟命運大致相同。那年弟從舟山島的東海岱山乘208登陸艇來台，裝3000人的船裝了12000人，淡水、食物兩絕，到基隆港外，很多官兵受不了，跳海逃亡，結果都做了波臣，用海水煮飯，難吃還不要緊，不吃餓得受不了，吃了更渴，這經驗一生所僅見，現在想來，我們這一代真可說苦難的一代。吾兄表述得好，弟所不及也。

由所寄給兩岸領導人的信中，非常真切，但政治人物一旦上了臺，似乎就顧不了民族大義問題了。這了不能討論，討論起來非數十萬字不能清明白。

因不為眼疾，撥擾所著，夢著樓之談，非常感謝。要此事後，並候

秋祺

弟 姜穆 敬上

8, 15

洋萍先生：

大作「浮生掠影」自收到後，即拜讀不歇，內容精彩，筆著樸逸，為不可多得之佳作。正如韓濤先生所言：先生用世之篤敬，和認知的精誠，不鳴高，不浮飾，不蹈覓伐名，亦不取悅時俗。在行文揮灑中，從人生世情之洞見和對人文社會的關懷，踏實深切而樸素清純，謙謙然良士之風，令人生敬。韓氏之言，與我同感，實深欽佩！

先生屢經苦難，輒自卓爾，恂恂然良士之風，篤學經文以文會友，詩歌、散文、小說無所不精。論述評析，亦獨有見地，值此全書閱讀完畢，特致上萬分敬意，與欽佩之意。謹奉函閱，錄不一一，即請

撰安

弟 王書川 拜上 二〇〇三年八月廿日

洋萍先生：大著《浮生掠影》及附稿《致海峽兩岸政治領袖們建言》均拜讀，如我讀得慢了一些，雖然是閣下眼中的世界，卻代我道出了眼中世界的思想感情，相信許多讀者如我一樣，寫不出如此動人的詩篇，而能感受到字裡行間深深觸我心的肺腑之言，每篇都可作為歷史的証言，不得不佩服先生把複雜紊亂的歷史脈絡，用詩的語言，剖析得有骨有肉，有淚有血！其中最有力最具偉、擲地有声的，個人以為要推《去中國化的迷思》一篇，將來可以留給史者去求証檢驗，但願盲從者及早迷途知返。

先生五十有《學我之詩》，七十五有《浮生掠影》詩集，未來八十、九十必對人生意義與生命價值有更多珠玉。敬頌

文祺

弟楊濤順 拜

民國九十二年十月廿日

秀琼：接讀妳七月三日來信，知妳這學期除了專業課程，又選修了法律，妳這樣勤學上進，我好高興。

從來信得知，妳的功課很忙，又擔任班委，要輔導班上同學課業及生活照顧，感到壓力很大，又受到不守規矩的同學埋怨，不聽妳勸導。班主任交給妳的任務無法達成，不知如何是好，而感焦慮。如果勉強的拖下去，不但對老師和同學都無幫助，而且會影響妳的身心健康及課業。不如辭去班委，專心做個模範生，自由自在地從傍協助老師，啟發同學，也許柔性的感化，比硬性的規定更有成效。妳將這番話向班主任陳情，一定能獲得諒解。

做人誠懇、謙虛，以助人為樂，必能廣結善緣，心地自寬。我又出了一本新書《遊目騁懷》詩文集，隨信寄給妳留念，空閒時看一看，也許能得到一些啟示。今年五、六間，我和幾位朋友去青島旅遊，參訪孔孟家鄉、登泰山、去濟南遊大明湖、飛南京謁中山陵、再去上海、杭州、西湖、千島湖、黃山，暢遊二十多天。沿途所見一片欣欣向榮，也發現一些趕時髦頹廢墮落的現象。妳的那些不守規矩的同學，就是受了那些不良社會風氣的影響。秀琼，妳在追求新思想、新知識的同時，要謹守校規。切記！祝

身體健康，學業進步！

汪爺爺 二〇〇二年七月十六日

以文會友

中央日報致贈

海內存知己　天涯若比鄰

NO. 1.

附註：李秀瓊，就讀昆明理工大學。二〇〇一年七月間，秋水詩刊同仁，應昆明市文聯邀請，前往文化交流訪問，我隨行在旅途中認識她。她個性活潑開朗，在交談中她得知我是國民黨員，她的祖父也是老國民黨員，就叫我爺爺，並合影留念。回台後，我們常有書信往還。二〇〇二年我收到她七月五日來信說，這學期奉派擔任班委，遇到很多難題，感到壓力很大，要我提供她一些意見，於是我寫這封信給她。她的來信寫得很長，有些簡體字不易辨識，不適合刊出。

二〇〇三年一月六日來信說，她向班主任陳情，主

以文會友

海內存知己　天涯若比鄰

NO.......................

任說她工作認真負責，要慰留她，給她勉勵。我也寫信給她鼓勵開導。她三月十一日來信說，在工作中隨時自有與調適，量力而行，盡力而為，已能適應。二〇〇三年十二月一日來信說，這學期各科成績都有進步，大學畢業後想考碩士研究生，她將理想抱負向父母傾訴，母親說無力負擔高額學費，要她畢業後找工作，賺到學費再讀碩士，她感到委屈又困惑，要我給她出主意。我回信肯定她好學上進的理想抱負，也勸勉她體諒父母的困難，畢業後找份工作，在工作中學習，終身學習才跟得上時代，比修碩士更重要。

以文會友

中央日報敬贈

海內存知己　天涯若比鄰

NO............

在兩岸青年學生中，類似秀瓊所面臨的問題很多，須要家庭與學校多關心輔導。青少年患憂鬱症者逐漸增加，是嚴重的社會問題，政府教育當局，應重視慎謀對策。在每個環節良性互動不彰，就會形成惡性互動，後果不堪設想。

新春文薈「建議事項」

中華文化復興運動總會，多年以來，在春節期間，總統以會長身分柬請文藝界人士，在圓山大飯店參加「新春文薈」歡聚聯誼，我很榮幸受邀參加。在請柬「回函」上有「建議事項」欄，每年我都謹呈建言，去年的建言是：敬請執政當局，竭盡全力融合族群，團結奮鬥，自立自強，走中華民國的路。不抱美國大腿，不投日本懷抱。兩岸和平共存，互惠互利，以三民主義統一中國，向安樂的大同世界邁進！

今年的「新春文薈」請柬，沒有「中華文化復興運動總會」全銜。主辦單位：文化總會。協辦單位：國家台灣文學館。承辦單位：國立成功大學台灣文學系。二〇〇四年一月三十日在台南市舉行，完全去中國化，去中華文化。附CD一片，提供「飛魚樂園」、「嘸通嫌台灣」、「我等就來唱山歌」、「下淡水河寫著我等介族譜」、檳榔兄弟／失守獵人「迎賓舞曲」。我沒興趣參加，在回函「建議事項」欄，提出以下建言：敬請文化總會研擬發揚中華文化改善人文生態提升精神文明的大計方針發起全民新生活運動切實推行。

汪洋萍著作一覽表

書名	類別	出版社	出版年月
心影集	詩集	文史哲出版社	一九九一年十二月
心聲集	詩集	文史哲出版社	一九九三年四月
萬里江山故園情	文集	絲路出版社	一九九五年十一月
生命履痕	文集	絲路出版社	一九九七年元月
袒露心靈	詩文合集	文史哲出版社	一九九七年十二月
心橋足音	詩集	文史哲出版社	二〇〇一年七月
鄉居散記	文集	文史哲出版社	二〇〇一年七月
友情交響	文集	文史哲出版社	二〇〇一年七月
遊目騁懷	詩文合集	文史哲出版社	二〇〇二年五月
浮生掠影	詩文合集	文史哲出版社	二〇〇三年六月
良性互動	詩文合集	文史哲出版社	二〇〇四年三月

國家圖書館出版品預行編目資料

良性互動 / 汪洋萍著. -- 初版. – 臺北市：文史哲, 民 93

面： 公分. -- (文史哲詩叢；61)

ISBN 957-549-546-2 (平裝)

良性互動

848.6　　93003596

文史哲詩叢 ⑹

良性互動

著者：汪洋萍

出版者：文史哲出版社

http://www.lapen.com.tw

登記證字號：行政院新聞局版臺業字五三三七號

發行人：彭正雄

發行所：文史哲出版社

印刷者：文史哲出版社

臺北市羅斯福路一段七十二巷四號

郵政劃撥帳號：一六一八〇一七五

電話886-2-23511028・傳真886-2-23965656

實價新臺幣二四〇元

中華民國九十三年(2004)三月初版

ISBN 957-549-546-2